Für Karin

und Familie

mit Grüßen von

Ch. ~~Anselm~~ K.

2019

Neue Literatur · 2019/2020

Neue Literatur

2019/2020

Herausgegeben von
Melanie Winter M.A.

AUGUST VON GOETHE LITERATURVERLAG

FRANKFURT A.M. • LONDON • NEW YORK

Die neue Literatur, die – in Erinnerung an die Zusammenarbeit Heinrich Heines und Annette von Droste-Hülshoffs mit der Herausgeberin Elise von Hohenhausen – ein Wagnis ist, steht im Mittelpunkt der Verlagsarbeit. Das Lektorat nimmt daher Manuskripte an, um deren Einsendung das gebildete Publikum gebeten wird.

Bibliografische Information der Deutschen Nationalbibliothek
Die Deutsche Nationalbibliothek verzeichnet diese Publikation in der Deutschen Nationalbibliografie; detaillierte bibliografische Daten sind im Internet abrufbar über http://dnb.d-nb.de.

Herausgeber: Melanie Winter M.A.
Titelbild: Valiphotos/pixabay

Websites der Verlagshäuser der Frankfurter Verlagsgruppe:

www.frankfurter-verlagsgruppe.de
www.frankfurter-literaturverlag.de
www.frankfurter-taschenbuchverlag.de
www.public-book-media.de
www.august-von-goethe-literaturverlag.de
www.fouque-literaturverlag.de
www.weimarer-schiller-presse.de
www.deutsche-hochschulschriften.de
www.deutsche-bibliothek-der-wissenschaften.de
www.haensel-hohenhausen.de
www.prinz-von-hohenzollern-emden.de

Gedruckt auf säurefreiem, alterungsbeständigem Papier, hergestellt aus chlorfrei gebleichtem Zellstoff (TcF-Norm).

Printed in the EU

ISBN: 978-3-8372-2316-3

Ein Unternehmen der
FRANKFURTER VERLAGSGRUPPE GMBH
Mainstraße 143
D-63065 Offenbach a.M.
Tel.: 069-40-894-0 • Fax 069-40-894-194

E-Mail: lektorat@frankfurter-verlagsgruppe.de

Worte
Erinnerungen
Botschaften

Hilla Beils-Müller

Ballast zur Seite

Erwartungsfreudige
Annehmlichkeiten
schieben derweil
Ballast zur Seite.
Genießen die Ehre
in Klugheit zu leben,
prüfen mit Blicken,
wer aufrichtig spricht,
fröhlich oder gedrückt
vor uns steht und lügt.
Eine Toleranz reagiert
in Geduld und Güte,
mit einem Gemüt,
das Liebe versprüht.
Gefühle schmelzen
geschmeidig dahin.
Schreiben nimmt
mich wie ich bin.
Mein Kranksein so
schwach Schachmatt
hatte mich einst zum
Schreiben gebracht.
Tiefbewegt und
glückbeseelt
empfängt mich
meine Schreibkanzlei.
An diesem Ort fühle
ich mich Ballast-frei.

Charakter-Typen

streitlos leben

Selbstbewusst zurückgezogen
streitlos leben auf Distanz.
Unbeirrt weiter träumen
der Alltag zieht Bilanz.
Streitlos verbleiben
erfüllt seinen Sinn.
Abstand bewahren
bedeutet Gewinn.
Lieber auf Distanz
statt Redeschwall
voll Arroganz.
Weder ein Disput
noch Seelendruck.
Der Weg liegt frei
für einen Rückzug.

Charakter-Typen
wissen generell: Ein
Streitlos unterzieht
sich keinem Appell.

Eigenbestimmte
erfüllte Wünsche,
erlebte Freude pur
wirkt wie eine Kur.
Streitlos auf Distanz
gibt der Seele Glanz.

Quäntchen Glück

ein Phänomen

Menschen fragen und erfahren,
wissen mehr und reden wenig.
Zu viele Ratschläge belasten,
die Unsicherheiten wachsen.

Wenn der Mut zu sinken
beginnt, rettet sich
Quäntchen Glück ins
Wohlergehen zurück.

Ergreift eigenbestimmt
mutig das Wort und
sagt laut: Jeder Mensch
steckt in seiner Haut,

wünscht sich Geschick
für ein Liebe erfülltes
Quäntchen Glück.
Ein Phänomen,

das niemals schläft
unermüdlich fortbesteht,
weil die Liebe generell
mehr als Alles zählt.

Sie belebt die Gefühle,
wohnt in uns die Gute
und blüht auf, wenn
ihr nach Sekt zumute,

wo Quäntchen Glück
sich blicken lässt.
Wer aufrichtig liebt
und geliebt schwebt,

hat würdevoll gelebt,
nie den Weg verfehlt,
weil die echte Liebe
mehr als Alles zählt.

Quäntchen Glück
ein Phänomen,
leider nicht greifbar
jedoch verspürbar,

ein tiefbewegtes
Wunderschönes,
Quäntchen Glück
ein Phänomen.

Beatrix Ramona Benmoussa-Strouhal

Die Herbstfee

Wenn sich der Monat September zu Ende neigt, kann man beobachten, wie sich die Blätter in die wunderschönsten Herbstfarben verfärben und zu Boden fallen. Als ob sie mit einem Pinsel bemalt wären. Es wird erzählt, dass der Wald Feen, Elfen und auch Wichtel beherbergt. Auch hört man manchmal das Pfeifen einer Flöte oder den Gesang einer Stimme, die wohl nach einem Mädchen klingt. Zwischendurch hört man das Zwitschern eines Vogels, oder es läuft ein Reh über den Weg. Wenn man leise ist, kann man auch die Eichkätzchen beobachten, die auf die Bäume klettern. Langsam steigen Nebelschwaden hoch, die Sonne dringt zeitweise durch, und man bekommt manchmal, wenn man mit offenen Augen durch den Wald geht, einen Waldbewohner zu Gesicht.

Langsamen Schrittes durchwanderte ich den Wald, um Beeren und die wunderschönen Herbstblätter zu sammeln. Plötzlich blieb ich stehen, denn es tat sich vor mir ein Bild auf, welches ich zuvor nie gesehen hatte. Ein zartes Wesen, in ein Blätterkleid gehüllt, in den schönsten Farben, die der Herbst zu bieten hat. Beim näheren Hinsehen stellte ich fest, dass sie durchsichtige Flügel in einem Hauch von zartem Grün hatte. Ganz lange Haare in einem wunderschönen Kastanienbraun hingen bis zum Boden. Die Füße waren sehr zart, ja, man könnte meinen, sie würden zerbrechen, steckten in etwas Pantoffel-Ähnlichem, verziert mit einem Herbstblatt so wie das Kleid. Die Strümpfe waren in einem Orangegelb. In der Hand, die auch ganz zart war, hielt sie einen Pinsel und ein großer Eimer stand am Boden, womöglich war Farbe oder etwas Ähnliches darin.

Die Nebelschwaden, die sich langsam vom Boden erhoben, verdeckten noch die kleine Gestalt, so dass man das Gesicht nicht genau erkennen konnte. Meine Neugier war unbeschreiblich groß,

13

so musste ich mir Mühe geben, mich nicht bemerkbar zu machen, denn dann wäre das Wesen sicher verschwunden. Ich schaute sehr gespannt, wollte ich doch das Gesicht erkennen, doch dazu kam es vorerst nicht. Ich hörte das Knistern eines Hasen, hatte mich nur kurz umgesehen und leider: Das Wesen war nicht mehr zu erkennen. Wie vom Erdboden verschluckt war es, die Nebelschwade hatte sie eingehüllt. Schade, dachte ich mir, und setzte meinen Weg fort, doch in Gedanken war ich noch immer bei dem Wesen, von welchem ich allzu gerne gewusst hätte, wie es lebte, was es tat und vor allem hätte ich ihm gerne ganz ins Gesicht gesehen.

Es war schon sonderbar, dass sich bei mir unerwartete und unvorhergesehene Dinge ereigneten. Ich setzte meinen Weg fort und welch einen Staunen überkam mich, als ich das Plätschern eines Baches vernahm und einen Tümpel sah, umgeben mit außergewöhnlichen bunten Herbstgräsern, möglicherweise Pampasgras. Zu meiner Überraschung entdeckte ich eine zarte Elfe, die es überhaupt möglich machte, dass das Gras so bunt war. Mit einem großen Pinsel in der Hand, der um einiges größer war als sie selbst, bemalte sie das Gras. Ganz in der Arbeit versunken, bemerkte sie nicht, dass ich gerade fünf Schritte neben ihr stand und endlich in das Gesicht einer Elfe schauen konnte.

Was die Menschenkinder meistens als Märchen erzählen, sah ich, ganz nah, und so konnte ich meine Augen nicht so schnell abwenden. Ich blickte in ein Gesicht, jung, sehr jung sogar. Die Haut war ganz zart, fast durchsichtig, in einem feinen blassen Rosa so wie die Herbstzeitlosen, die am Waldrand den Weg säumen. Es sah so aus, als würde es zerbrechen. Wunderschöne, strahlend grüne Augen, ein sanftes Grün, wie das Moos, Lippen in einem Ton von Orange, wie die Blätter, die sich so schön verfärben, eine Harmonie, die es nur in der Natur zu sehen gibt, alle Farben, egal welche, passten zueinander.

Die Wimpern und Augenbrauen waren in einem feinen, fast farblosen angehauchten Blau, kaum zu erkennen wie die Regentropfen, und schien die Sonne darauf, erkannte man auch, dass die Elfe Flügel hatte, welche in den Regenbogenfarben schillerten. Auf das Haar, welches braun wie Kastanien war, reflektierte das Licht und ließ es dem Auge erscheinen, als würden sich die ganzen Herbstblätter widerspiegeln. Dem Anschein nach dürfte es die Herbstfee sein.

Ein Hauch, beziehungsweise einen kalten Luftzug, der wohl vom Nordpol kam, bekam ich zu spüren, eine zarte Schicht Eis, einem Raureif ähnlich, bedeckte die Landschaft und die kleinen Eiskristalle fingen zu funkeln an. Die kleine Herbstfee war umgeben von einer zarten Schicht Eis und verschwand so leise und unbemerkt, wie sie gekommen war.

Margitta Börner

Wäre ich ein Bettler

Wäre ich ein Bettler
such' ich zu jeder Stund'
was zum Beißen für den Mund.

Wäre ich ein Bettler
und könnte singen
ständ' ich überall,
um Geld zu erringen.

Wäre ich ein Bettler,
find ich Mitleid
im zerlumpten Kleid.

Wäre ich diese arme Seele,
könnte nie retten
des Freundes Kehle.

Wäre ich jener Bettler,
würde mein Schmerz
des Freundes' Herz
erreichen.

Joachim Fiedler

Asterias rubens

Ein Seestern will zu den Sternen

Es war Sommer.

In einer einsamen Meeresbucht genossen alle Tiere, die hier auf dem Land und im Wasser lebten, das warme Wetter und ließen es sich ordentlich gut gehen.

Mit weit ausgebreiteten Schwingen glitt eine große Lachmöwe gemächlich heran und ließ sich auf dem flachen Wasser in Ufernähe nieder. Sie wollte ihre Ruhe haben und ein wenig vor sich hin dösen.

Plötzlich hörte sie eine zarte Stimme sagen: „Ach, das wäre schön, wenn ich nur könnte."

Verdutzt drehte die Möwe den Kopf nach allen Seiten und schaute suchend umher. Doch nichts und niemand war zu sehen. Nur die winzig kleinen Wellen leckten träge am Ufer, dass die nassen Steine in tausend funkelnden Farben glänzten, als wären es bunte Edelsteine.

„Was wäre hier schön und wer möchte was können?", fragte sich der Wasservogel, dem die sonnenhelle Schönheit dieser Meeresbucht und die Wärme des fast windstillen Nachmittages völlig egal war. Und doch war sein Interesse geweckt. Langsam ruderte die Möwe kreuz und quer durch das Wasser, blickte hierhin und dahin, bis sie zu dem Schluss kam, sich geirrt zu haben. Träge steckte sie den Kopf unter einen Flügel und schloss die Augen. Weit draußen auf dem Meer hatte sie aus einem großen Schwarm kleiner Fische so viele gefangen und verschluckt, dass sie nun richtig satt war und nur noch das Bedürfnis hatte, ein Verdauungsschläfchen im warmen Uferwasser zu machen. So vergaß sie die traurig-zarte Stimme, von der sie nicht einmal wusste, ob es sie wirklich gab und schlummerte fest und tief ein.

Die Sonne wärmte ihr den Rücken und zog inzwischen ihre Bahn über den wolkenlosen Himmel. Plötzlich verspürte die Möwe an ihrem linken Fuß einen unsanften Stoß. Sie wurde wach und blinzelte verärgert ins Wasser.

Aha, die Strömung hatte sie ganz langsam ans Ufer getragen, so dass sie sich an einem dort liegenden Stein den Fuß gestoßen hatte. Mit ein paar kräftigen Ruderschlägen ihrer breiten Füße machte sie kehrt und glitt wieder ins tiefere Wasser zurück. Ruhe, das war das einzige, was die weiße Möwe wollte. Gerade als sie sich wieder dem satten Gefühl der Trägheit hingeben wollte, hörte sie abermals diese zarte Stimme: „Zum Donnerwetter, was soll denn das heißen?", fragte sie leise in der Möwensprache zu sich selbst und steckte diesmal den Kopf in das tiefe Wasser, um richtig auf den Grund sehen zu können.

Da erblickte sie direkt unter sich auf dem Meeresboden einen halbwüchsigen Seestern. Er hatte seine fünf Arme traurig nach innen gerollt und wollte nichts von seiner schönen Umgebung, dem warmen Wasser und den hellen Sonnenstrahlen wissen.

Die verwunderte Möwe schaute sich eine Weile dieses Häufchen Unglück an und fragte dann mit ihrer schnarrenden Stimme: „Wer bist du denn und was macht dich so traurig an diesem schönen Tag?"

Der kleine Seestern streckte seine Arme aus und sagte mit schüchterner Stimme: „Ich bin der Seestern Asterias rubens, ich wohne hier auf dieser Muschelbank und habe eigentlich ein gutes Auskommen. Trotzdem bin ich mit meinem Leben nicht zufrieden."

Na so ein Querkopf, dachte die verwunderte Möwe und wollte gerade wieder davonrudern, wenn sie nicht doch ein ganz kleines bisschen neugierig geworden wäre. Sie nahm den Kopf aus dem Wasser und holte tief Luft. Irgendwie tat ihr dieser Unglücksstern doch leid und sie beschloss, ihn wieder aufzuheitern. Also tauchte sie den

Kopf wieder in das Wasser und ließ aus dem Schnabel ein kleines Luftbläschen entweichen, das lustig, hin und her tanzend, an die Oberfläche torkelte. Asterias rubens, der sich eigentlich schon sehr erwachsen vorkam, musste doch darüber lachen und seine traurige Mine hellte sich zusehends auf.

„So ist's recht", meinte die Möwe, „jetzt können wir uns getrost miteinander unterhalten." Nun erzählte ihr der Seestern, dass er in der vergangenen Nacht lange Zeit nicht einschlafen konnte. Er betrachtete sich daher den dunklen Himmel, an dem unzählige Sterne funkelten. Sie sahen aus, als würden sie durch die Unendlichkeit des Weltalls schwimmen. Ihn erfasste eine große Sehnsucht nach diesen hellen Sternen, die ihm so nah erschienen, als könnte er sie mit seinen kurzen Armen anfassen. Gleichzeitig waren sie aber auch so weit entfernt, dass er dafür keine Worte fand und nur stumm und verträumt in die nächtliche Unendlichkeit blickte.

„Aber ich bin doch auch ein Stern. Warum kann ich nicht in das Weltall fliegen und dort mit meinen Verwandten zusammen sein?", klagte der Seestern leise und bekam wieder eine ganz traurige Stimme.

Ist das ein Dummkopf, dachte die Möwe, wie will denn dieser nasse Wasserplanscher, der nicht einmal eine einzige Feder besitzt, um fliegen zu können, durch die Luft reisen und auch noch den Sternen am fernen Himmel einen Besuch abstatten. Solchen Unsinn hab ich mein Lebtag noch nicht gehört.

Etwas war die Möwe nun doch verärgert über das, was sich dieser Seestern so ausdachte. Aber weil sie eine welterfahrene und weitgereiste Möwe war, die in ihrem Leben schon viel gehört und gesehen hatte, wusste sie auch, dass Träume am Anfang großer Taten standen, die vielen anderen zugute kamen und große Bewunderung erregten. Sie lächelte unmerklich und beschloss, dem Seestern zu helfen.

„Wir können es ja einmal versuchen", sagte sie zu ihm. „Wenn heute Abend die Sterne wieder leuchten, nehme ich dich auf meinen

Rücken und wir fliegen so hoch wir können. Vielleicht schaffen wir es bis zu den Sternen. Was sagst du dazu?"

Der Seestern hörte es und traute seinen Ohren nicht. Er konnte diesen Vorschlag der Möwe gar nicht glauben. Auf jeden Fall war er darüber so sprachlos, dass er nur noch seine fünf Arme ein- und ausrollen und keinen Ton von sich geben konnte.

„Hast du nicht verstanden, was ich gesagt habe?", fragte die Möwe und stupste den kleinen Seestern ein wenig mit dem Schnabel an.

„Oh, oh-ja, ja, na – natürlich", stotterte er. „Ich, ich weiß gar nicht, was ich sagen soll. Auf so ein Glück hab ich nicht zu hoffen gewagt. Weißt du auch, dass du die klügste und schönste aller Möwen bist?"

„Na, na, übertreib nicht gleich. Ich wollte schon immer mal dort hinauf. Warum also nicht mit dir zusammen?", antwortete sie. Ein bisschen war sie aber doch froh über das Lob und insgeheim freute sie sich darüber. Zu dem Seestern sagte sie: „Bis zum Abend ist es noch Zeit. Wir wollen uns so lange ausruhen, denn die Reise wird anstrengend."

Sie steckte den Kopf wieder unter die Flügel und war bald eingeschlummert. Auch der kleine Seestern deckte sich mit einem Stück weichem Seetang zu und schlief, glücklich über die bevorstehende Reise, ein.

Inzwischen setzte auch die Erde ihren unendlichen Weg um die Sonne fort. Es wurde Abend und die Nacht legte sich sanft über Land und Meer. Eine friedliche Stille hatte sich ausgebreitet. Sogar das Meer schien zu schlafen und im unbewegten Wasser spiegelte sich der aufgehende Mond, so dass es aussah, als breite er einen großen silbernen Schleier aus feinster Seide über die endlose Wasserfläche.

Der kleine Seestern machte die Augen auf und schaute unter seiner Seetangdecke hervor. Oh je, ich habe die Zeit verschlafen und kann nicht mehr zu den Sternen fliegen. Die Möwe ist bestimmt auch nicht mehr da. Was soll ich nur machen. Hätte ich doch nie von dieser Reise geträumt. Vor Schreck konnte er nicht einen seiner fünf Arme bewegen und zu einem klaren Gedanken war er schon lange nicht fähig. Wie gelähmt lag er auf dem Meeresboden und dachte an den Weltuntergang.

Inzwischen war auch die Möwe wach geworden und schaute prüfend zum dunklen Himmel hinauf, an dem schon die ersten Sterne leuchteten. Nun, da können wir ja starten, dachte sie. Wie zur Probe breitete sie ihre kräftigen Flügel aus und ließ sie einige Male auf und nieder schwingen. Zufrieden faltete sie ihre Flugfedern wieder sorgfältig zusammen und legte sie auf den Rücken.

Dieses Flügelschlagen sah auch der reiselustige Seestern und ein großer Stein fiel ihm von seinem bangen Herzen. Nun wird doch noch alles gut, dachte er und ruderte schnell zur Wasseroberfläche. Dort zupfte er die Möwe an einem Bein und sagte: „Ich glaube, wir müssen jetzt losfliegen, sonst schaffen wir es nicht mehr, solange die Sterne noch am Himmel sind."

„Ja, ja, immer mit der Ruhe. Der Abend hat ja erst begonnen. Ich bin für unseren Höhenflug gut gerüstet. Meine Flügel sind groß und stark und der Schlaf heute Nachmittag hat sein Übriges getan."

Sie packte den kleinen Seestern behutsam an einem Arm und setzte ihn auf ihren Rücken, genau zwischen die Schultern. Mit ein paar Federn deckte sie den Reisenden noch zu, um ihn warm zu halten und zu verhindern, dass er vom Flugwind herunter geweht würde. Als die Möwe alles mit großer Sorgfalt erledigt hatte, ruderte sie mit ihren breiten Schwimmfüßen kräftig durch das Wasser, ließ die Schwingen auf und nieder gleiten und erhob sich aus dem nassen Element in die Luft. In einem weiten Bogen flog sie noch einmal um die Stelle, die zum Ausgangspunkt einer großen und abenteuerlichen Reise werden sollte.

Der kleine Seestern kuschelte sich in die weichen und warmen Federn der Möwe und war so aufgeregt, dass er seinen Herzschlag bis in die Spitzen seiner Arme spürte.

„Ich, der kleine Seestern, der immer auf dem Grund des Meeres lebt, bin mit einer Möwe auf dem Weg zu den Sternen. Hurra, mein Traum geht in Erfüllung," rief er vor Freude ganz laut und erschrak plötzlich selbst vor dem Klang seiner eigenen Stimme.

Die Möwe, die den Freudenruf des kleinen Passagiers auf ihrem Rücken auch gehört hatte, freute sich mit ihm und schlug mit den Flügeln kräftig aus, ihrem gemeinsamen Ziel entgegen.

Asterias rubens, der kleine Seestern, blickte neugierig zur Erde herunter und staunte gewaltig über das Bild, das sich ihm nun bot. Unten leuchteten tausend Lichter einer großen Stadt zu ihm in die Dunkelheit herauf. Es waren so viele, dass sie wie ein riesiger Feuerball aussahen und gar nicht mehr zu zählen waren. Auf dem großen, dunklen Meer, dessen Wasser er in der Finsternis nicht sehen konnte, sah er große und kleine hell erleuchtete Schiffe, die ruhig und majestätisch dahinfuhren. So schön hatte sich der kleine Seestern die Erde nicht vorgestellt. Er war plötzlich sehr glücklich darüber, dass er ein Erdenbewohner war, der dort unten sein Zuhause hat. Er beugte sich etwas weiter über den Flügel der Möwe und spähte angestrengt auf die dunkle Wasserfläche, um sein Heim auf der Muschelbank zu entdecken. Aber so sehr er sich auch anstrengte, seine Augen konnten die Schwärze nicht durchdringen.

Der Nachtwind wurde nun merklich kühl und ließ den kleinen Sternenflieger frösteln. Er versteckte sich wieder zwischen den weichen und warmen Federn der Möwe und träumte davon, wie es wohl sein würde, wenn er bei den Sternen im Weltall angelangt war.

Währenddessen flog die Möwe immer höher und höher. Aber so sehr sie sich auch anstrengte, den Sternen am dunklen Himmel war sie noch nicht näher gekommen. Vielleicht sind für die lange Reise meine Flügel zu klein, dachte sie und verdoppelte ihre Anstrengungen. Doch so sehr sie sich auch mühte, ihr Ziel blieb in weiter Ferne.

Was mache ich nur? Ich habe doch dem Seestern versprochen, ihn zu seinen Brüdern, den funkelnden Sternen, zu fliegen und nun schaffe ich es nicht. Ich hab wieder einmal angegeben, um mich vor dem Kleinen großzutun. Der versteht ja nichts vom Fliegen und hat meinen Worten vertraut. Die Möwe sah ein, dass sie ihr Versprechen nicht halten konnte und schämte sich dafür.

Wie sie so über ihr Verhalten nachdachte, hörte sie ein gleichmäßiges Rauschen, das immer näher kam. Es war der Flügelschlag eines Kranichs, der einsam in der nächtlichen Dunkelheit unterwegs war, um seine beiden Geschwister zu besuchen, die den Sommer in einem weit entfernten Land hinter dem Meer verbrachten.

„Ach Möwe, du bist es. Was fliegst du in dieser Finsternis und dazu auch noch so hoch oben umher?", sprach er sie von der Seite an. Dabei sah er auch, dass sie schon müde war und ihr Flügelschlag immer langsamer wurde.

Keuchend und außer Atem erzählte die Möwe von ihrem Flug zu den Sternen und von ihrem Reisebegleiter, dem kleinen Seestern, dem sie so leichtfertig ein Versprechen gegeben hatte.

Der Kranich hatte Mitleid mit der Möwe und machte ihr den Vorschlag, den Seestern auf seinen Rücken zu nehmen, um mit ihm die Reise zu den Sternen fortzusetzen. Die Möwe war sichtlich erleichtert und stimmte freudigen Herzens zu. Dem Seestern sagte sie, dass er nun mit dem Kranich weiterfliegen müsse, weil sie am Ende ihrer Kraft sei und den Flug nicht fortsetzen könne. Der kleine Seestern sah ein, dass es die einzige und darum auch die beste Lösung sei, wenn er seine Reise zu den Sternen fortsetzen wollte. Darum dankte er der Möwe für ihre Mühe und ließ sich auf den Rücken des Kranichs setzen. Gleich versteckte er sich zwischen den grauen Federn dieses mächtigen Vogels, winkte der Möwe noch einmal zu und setzte seinen Weg mit dem neuen Gefährten fort.

Derweil dachte der Kranich bei sich, dass es auf ein oder zwei Tage nicht ankommt, um seine Geschwister zu besuchen. Sie würden für dieses Abenteuer sicherlich Verständnis haben. Allerdings wusste er auch nicht so genau, wie weit diese Reise wohl gehen würde. Weil er aber als Zugvogel in jedem Jahr den weiten Weg um den halben Erdball von Süden nach Norden und von dort zurück in den Süden flog, vertraute der große und starke Vogel wie immer seiner Kraft und seiner großen Flugerfahrung. Er war daher guter Dinge und völlig sicher, sein Ziel zu erreichen.

Von Zeit zu Zeit schaute der kleine Seestern zum Nachthimmel empor und wünschte sich so sehr, dass diese lange Reise zu den Sternen bald enden würde. Jedes Mal, wenn er zu ihnen hinaufschaute, glaubte er, ihnen ein Stück näher gekommen zu sein. Aber ob es wirklich so war, konnte er auch nicht mit Bestimmtheit sagen. In Wahrheit funkelten sie immer noch in der Ferne mit ihrem kalten Licht, so dass es ihm ein wenig bang im Herzen wurde. Wenn man etwas angefangen hat, muss man es auch zu Ende bringen, machte er sich Mut. Sonst lachen mich ja alle Seesterne aus und machen sich über mich lustig. Das durfte auf keinen Fall geschehen. Darum nahm er sein ängstliches Herz ganz fest in die Hand und schaute trotzig in die Dunkelheit. Eine Sternschnuppe flog an ihm vorüber und zog einen langen Schweif hinter sich her. Er wünschte ihr eine gute Reise und glaubte fast, sie hätte ihm einen Gruß zugewinkt.

Langsam kehrte sein Mut wieder zurück und der kleine Passagier aus dem fernen Meer grüßte mit einem seiner fünf Arme zum runden Mond herüber, den er schon oft von seinem Platz auf der Muschelbank aus gesehen hatte. Der ewige Begleiter unserer Erde lächelte freundlich und schickte einen besonders hellen Lichtstrahl zu dem mutigen Reisenden herüber.

Die lange Reise, zunächst mit der Möwe und nun mit dem Kranich, hatte den kleinen Abenteurer müde gemacht. Er zog sich daher in das warme Gefieder des großen grauen Vogels zurück und lauschte dem gleichmäßigen Herzschlag und dem Rauschen der Flügel, die eine wahrhaft gigantische Arbeit leisteten. Endlich schlief er ein und träumte von seiner Meeresbucht und den vielen dunklen und hellen Muscheln, von denen er aufgebrochen war, um das Weltall zu erobern.

Der Kranich setzte indes seinen Flug zu den Sternen fort. Höher und höher ging die Reise in die Luft und um ihn herum wurde es immer kälter. So hoch war noch nie ein Kranich geflogen. Das machte ihn sehr stolz und er verdoppelte seinen Flügelschlag, um allen Kranichen auf der Welt zu zeigen, wie stark und mutig er war und das nichts ihn aufhalten konnte. Aber je höher er kam, desto schwerer wurde ihm das Fliegen. Die eisige Kälte nagte an seinen Flügeln und trieb ihm die Tränen in die Augen, so dass er den Weg zu den Sternen gar nicht mehr richtig sehen konnte. Er spürte Schwäche in sich aufsteigen, die er auch mit übergroßer Willenskraft nicht bezwingen konnte. Sein Flug wurde immer langsamer, so sehr er sich auch anstrengte.

„Ich werde wohl umkehren müssen. Es geht einfach nicht höher hinauf", stellte er betrübt fest. „Mein kleiner Fluggast auf dem Rücken wird bestimmt sehr traurig darüber sein. So traurig wie ich, dass ich ihn nicht zu seinen Brüdern ins All bringen kann."

Während sich der Kranich noch seinen trüben Gedanken hingab, sah er einen großen Schatten auf sich zufliegen. Mit einer Flugfeder wischte er sich die Tränen aus den Augen und erkannte einen großen braunen Adler, der mit ruhigen und kraftvollen Flügelschlägen auf ihn zukam.

Das könnte die Rettung sein. Vielleicht setzt er mit meinem Seestern die Reise fort, ging es dem müden Vogel durch den Kopf.

Unterdessen war der Adler herangeflogen und seine scharfen Augen sahen sofort, dass sein alter Freund, der Kranich, Hilfe brauchte.

„Welcher Wind hat dich in diese luftige Höhe geweht? Hier oben hab ich noch nie einen Kranich gesehen. Nur Adler können so hoch fliegen. Mir macht die Kälte und der stürmische Wind nichts aus", sagte der König der Lüfte und sah besorgt zum Kranich herüber, dessen Flug immer kraftloser wurde.

Heiser und mit stotternden Worten erzählte der Kranich, dass er dem kleinen Seestern, den er auf dem Rücken trug, das Versprechen gegeben hatte, ihn zu den funkelnden Sternen zu fliegen, um ihm einen Traum zu erfüllen, ohne darüber nachzudenken, wie beschwerlich die Reise für ihn werden könnte.

Als der Adler diese Geschichte hört, fasst er den Entschluss, dem Seestern zu helfen und den Weg mit ihm zu den Sternen fortzusetzen. Also schlug er dem Kranich vor, den mutigen Passagier auf seinen Rücken zu nehmen. Er wolle auch gut auf ihn aufpassen, damit ihm kein Unglück passiere, fügte der Adler noch hinzu.

Der Kranich schaute dankbar zum Adler hinüber. Vor Freude konnte er kein Wort sagen. Er nickte nur schwach mit dem Kopf, als Zeichen dafür, dass er mit dieser Lösung einverstanden war.

Der kleine Seestern hatte von alldem nichts gemerkt. Die Aufregungen dieser Reise mit ihren vielen Erlebnissen hatten ihn müde gemacht, so dass ihm die Augen von ganz allein zufielen. Er schlief ruhig und sicher in seinem warmen Nest und träumte von den fernen Sternenbrüdern, die glitzernd am nachtschwarzen Himmel zu sehen waren. Doch nun wurde er durch einen sanften Stoß von des Kranichs Schnabel aus seinen Träumen geholt. Der sagte ihm, dass er nun mit dem Adler weiterfliegen müsse, weil die Kraft eines Kranichs für diesen weiten Flug nicht ausreiche. Für ihn war es nun Zeit, zur Erde zurückzukehren.

Der kleine Reisende bekam einen fürchterlichen Schreck. „Oh je, wenn das nur gut geht. Hätte ich die Reise erst gar nicht begonnen", lamentierte er angstvoll und schaute den Kranich mit tränennassen Augen an.

„Du brauchst gar keine Angst zu haben", beruhigte ihn der Kranich. „Der Adler ist der größte und stärkste aller Vögel. Was er kann, kann kein anderer. Bei ihm bist du ganz sicher und er bringt dich auch bestimmt zu den Sternen."

Die zuversichtlichen Worte des Kranichs beruhigten den ängstlichen Seestern etwas und er ließ sich vertrauensvoll auf den Rücken des Adlers setzen.

„Gute Reise und glückliche Heimkehr", wünschte ihm der Kranich.

„Danke lieber Kranich. Du bist ein wahrer Freund. Wenn du die Möwe siehst, sag ihr, dass ich die Sterne von euch beiden grüßen werde."

„Das tue ich bestimmt", rief der Kranich. Dann breitete er die Flügel aus und segelte in einem großen Bogen zur Erde hinunter.

Von nun an ging die abenteuerliche Reise auf dem Rücken des Adlers weiter. Dieser hatte zwar sein Einverständnis gegeben, den Seestern zu den Himmelssternen zu fliegen, aber den Weg dorthin wusste er auch nicht so genau. Und so flog er erst einmal aufs Geradewohl immer höher hinauf, in der Hoffnung, irgendwie ans Ziel zu gelangen.

Die Sterne sind ja noch weit und da kommt es nicht so genau darauf an, ob ich ein wenig nach rechts oder nach links abweiche. Hauptsache, ich fliege immer weiter von der Erde weg und den Sternen entgegen. So dachte es sich der Adler und so tat er es auch. Die Kälte machte ihm nichts aus und seine großen breiten Schwingen brachten ihn gut voran. Eigentlich hätte er ruhig und zufrieden sein können, wenn da nicht der kleine Zweifel über den richtigen Weg gewesen wäre, den er ja nicht so genau kannte. Deshalb schaute er immer wieder mit seinen scharfen Augen in die Dunkelheit, um vielleicht ein Zeichen zu erspähen, das ihn den richtigen Weg finden ließe. In dem übergroßen Durcheinander der unendlich vielen Sterne am nächtlichen Firmament konnte er sich jedoch nicht richtig zurechtfinden, so dass er den Entschluss fasste, irgendjemand, dem er hier oben begegnen würde, nach dem Weg zu fragen. Aber wen sollte er fragen? Außer dem Adler schaffte es kein anderer Vogel, so hoch aufzusteigen. Da war guter Rat teuer. Doch er ließ sich nicht beirren und vertraute auf seine Kraft und seine große Erfahrung im Fliegen in so großer Höhe.

Nach längerer Zeit hörte er ein tiefes Brummen hinter sich. Bestimmt ist es ein Flieger, dachte er, denn die Begegnung mit Flugzeugen war ihm nicht neu. Hier oben kommen häufig dies großen Vögel aus Metall vorüber, in denen Menschen sitzen, die von Land zu Land fliegen, um ihren Geschäften nachzugehen oder sich gegenseitig zu besuchen. Das Flugzeug kam schnell näher und der Adler schaute durch die kleinen Fenster in dessen Inneres. In weichen Sesseln mit hoher Lehne saßen die Passagiere und unterhielten sich, einige lasen in der Zeitung oder in einem Buch, andere hatten den Kopf zurückgelehnt und schliefen. Keiner von ihnen schaute aus dem Fenster und sah den nebenher fliegenden Adler mit seinem Passagier, dem kleinen Seestern, auf dem Rücken.

„Na klar, ich kann ja den Flugkapitän nach dem Weg zu den Sternen fragen. Er kann mir auch gleich sagen, wie weit ich noch fliegen muss, um dorthin zu gelangen."

Er flog ganz dicht an die Flugzeugkanzel heran und winkte mit dem Flügel, dass es der Pilot sehen musste. Der machte ein erstauntes Gesicht, als er den Adler so nah an seinem gläsernen Cockpit erblickte.

„Welchen Weg muss ich zu den Sternen fliegen?", fragte er laut, dass es im Flugzeug zu hören war. „Ich hab auf meinem Rücken, versteckt zwischen den Federn, einen kleinen Seestern, dem ich das Versprechen gab, ihn zu seinen Brüdern, den Sternen am Himmel, zu bringen."

Als der Pilot das hörte, musste er herzhaft und laut lachen. Dass ein Adler mit einem Seestern auf dem Rücken zu den Sternen fliegen will, war einfach nicht zu glauben.

„Das ist so weit, dass selbst ich mit meinem Flugzeug nicht dorthin fliegen kann. Die hellen Sterne, die du am Himmel siehst, sind in Wahrheit so groß wie unsere Erde und einige sind noch viel größer.

Nur weil sie weit entfernt sind, sehen sie so klein aus. Schlag dir die Reise aus dem Kopf und flieg zurück zur Erde, wo du hingehörst." Der Adler hörte die Worte des Piloten mit Verwunderung. Dass der Weg so weit sein könnte, dachte er nie. Worauf hatte er sich da nur eingelassen. „Wie soll ich das nur dem Seestern beibringen? Wird er es überhaupt verstehen? Bestimmt ist der kleine Kerl jetzt sehr enttäuscht und hält mich für einen Aufschneider und Faulpelz, der nur keine Lust hat, weiter zu fliegen. Da hab ich eine Aufgabe übernommen, von der ich gar nicht weiß, ob ich sie überhaupt lösen kann." Der stolze Adler machte ein sorgenvolles Gesicht.

„Wie dem auch sei, wenn ich schon nicht zu den Sternen fliegen kann, so will ich doch wenigstens meinen Passagier, für den ich die Verantwortung trage, wieder sicher und wohlbehalten zur Erde zurückbringen. Danke für den guten Rat. Du hast uns vor großem Unglück bewahrt. Wir werden sofort die Heimreise antreten", rief er dem Flugkapitän zu, der zum Gruß die Hand an die Mütze legte.

Langsam zog der Flieger am Adler vorbei und verschwand in der eisigen Nacht. Nur die Warnlichter, die an den Tragflächen ständig aufleuchteten, waren noch eine Weile zu sehen.

Der kleine Seestern hatte zwar die Unterhaltung zwischen dem Flugzeugkommandanten und dem Adler gehört, aber in seinem warmen Federnest konnte er nicht alles verstehen, was gesagt wurde. Er wusste also nicht, dass die Sterne keine glitzernden Freunde waren, sondern große Planeten, die im unendlichen Weltall ihre Bahnen ziehen und dass man nicht so einfach zu ihnen hinfliegen kann. Er merkte nur, dass das Flugzeug sich entfernte und der Flug des Adlers scheinbar immer langsamer wurde. Lange brauchte er allerdings nicht zu warten, bis sein Flugkapitän den Kopf wandte, um ihm alle Neuigkeiten zu erzählen.

So schwierig hatte sich der Seestern die Reise zu den Himmelssternen nicht vorgestellt. Sie sind auch keine kleinen Freunde, die man so einfach besuchen kann, um mit ihnen zu plaudern. Darüber wollte der kleine Seestern gründlich nachdenken, wenn er wieder auf seine Muschelbank zurückgekehrt war. Eines wusste er allerdings jetzt schon, dass er auf dieser Reis seht viel klüger geworden war und das machte ihn stolz.

Der Adler schaute indessen zur Erde hinunter und suchte sich den Weg zur einsamen Meeresbucht, von der der kleine Seestern zu seiner großen Reise aufgebrochen war. Er orientierte sich an den Lichtern der großen Stadt am Meer und den beleuchteten Seezeichen, die den Schiffen den richtigen Weg in den Hafen wiesen. Ruhig und sicher schwebte er in einer kreisrunden Flugbahn der Erde entgegen.

Mit einem weichen Stoß landete der König der Lüfte am flachen Ufer, genau neben der noch schlafenden Möwe.

„Wer kommt denn hier angesegelt und weckt mich zu so früher Stunde?" Verwundert blinzelte die weiße Möwe den großen Adler an, der vor ihr stand und sie unverwandt ansah. Auf seinem Rücken sah sie den kleinen Seestern und hörte sein fröhliches Lachen.

„Da bin ich wieder", rief er ausgelassen, „ich hab so viel erlebt, dass ich dir unbedingt davon erzählen muss. Aber jetzt schwimme ich erst zum Frühstück auf meine Muschelbank, denn ich hab einen Mordshunger."

Das wird eine interessante Geschichte, dachte die Möwe und hob den Seestern vom Rücken des Adlers, um ihn auf seine Muschelbank zu bringen. Dabei lachte sie ganz laut nach Möwenart und alle Tiere ringsum wussten, dass wieder ein fröhlicher Tag begonnen hatte.

Der Adler ordnete sein Gefieder und meinte: „Ich glaube, jetzt hab ich eine Pause verdient. An meinem Heimatsee, auf meinem Schlafbaum, werde ich ausruhen und vielleicht von diesem kleinen Seestern träumen. Lass es dir gutgehen, weiße Möwe und komm mich einmal besuchen."

Weil der Adler an einem See wohnte, in dem man bestimmt herrlich herumschwimmen kann, varsprach sie es freudig und nahm sich vor, ihr Versprechen recht bald wahr zu machen.

Brigitte Gehrling

Mallorca

Felsen bricht der Wellen Spiel, sanft das Meer aufschäumt.
Möwe segelt ohne Ziel, im Boot ein Fischer träumt.
Endlos ist des Himmels Blau, Sonne scheint – fast grell.
Eine Wolke, dunkelgrau, Wind vertreibt sie schnell.

Grüne Hügel in der Ferne, fallen sacht ins Meer.
Kleine Fincas, weiß wie Sterne, Strände menschenleer.
Pinie würzt des Meeres Luft, läßt die Seele singen.
Orange spendet edlen Duft, Palmen raschelnd schwingen.

Segelboot in weiter Ferne, küßt den Horizont.
Eine Hütte hoch am Berge, in der niemand wohnt.
Schafe, Esel, Ziegen weiden, friedlich in den Wiesen.
Unter den Olivenbäumen, Blumen prächtig sprießen.

Mühlen drehen sich im Wind, fördern Fruchtbarkeit.
Auf dem Felde spielt ein Kind, spürt die Einsamkeit.
Gräser über Felsen hängen, immer grün sie sind.
Unermüdlich, rauh doch zärtlich, streichelt sie der Wind.

Barbara Jung-Steiner

Da ist der TOD,
der nach dem Leben giert
mit kalter Hand
und heißem Versprechen.

Im Herbst des Lebens
schau ich den
Blättern nach
die sanft im Wind
zur Erde schweben.
Den Berg hinab
in tiefe Kinderzeit
wo heute noch
Legenden leben.
Sind Traum und Wach
der Klarheit Bild?
Das Tal Erinnerung
bebt, – zittert
bis zur Übelkeit.

Wäre ich ein Vogel
flöge über die Welt
sähe, was geschieht.
Würde ich mich schämen
je ein Mensch
gewesen zu sein.

Angebohrt
aufgerissen
vermüllt
verwundet.

Wären meine Flügel
stark genug
die Flucht
ins All
hieße Freiheit.

Johann P. Kako

Der herbe Herbst

Der Herbst, den alle Welt besingt,
der Sturm und Regen bringt,
steht uns wieder in Haus!
Na dann, Johann, mein Lieber,
uns bleibt nichts andres über:
sei ein Mann, geh du voraus!
Hurtig eilt Herr Herbst herbei,
die Seele atmet nicht mehr frei,
das leichte Leben geht zu Ende;
Mistwetter kommt und sperrt
mich zwischen die vier Wände.
Blätter, ruppig vom Baum gezerrt
seh ich über'n Hofplatz treiben;
rasende Böen rütteln,
heftige Stürme schütteln
an meinen Fensterscheiben.
Eklige, Dauerregenschauer
pissen an die Außenmauer,
alles ist schon triefend nass.
Igitt igitt, – ICH HASSE DAS !
Die Wäsche wird kaum trocken,
Laub fällt herab wie Flocken.
Ne, ne, Herr Herbst, ich danke sehr,
mich siehste dieses Jahr nicht mehr.
Du bist ein echter Spielverderber
und was dir folgt, ist nur noch herber;
jawohl, du bist des Winters Vorhut
glaub nur nicht, ich fänd' das gut!

Deine Ungemütlichkeit
macht sich in mir breit.
In meinen Adern stockt das Blut,
du raubst mir jeden Lebensmut!

Ah, du hast mich schimpfen hören?
Du öffnest deine Wolkentüren?
Du lässt die liebe Sonne raus?
Ja, nun sieht alles anders aus!
Jetzt heißt es schnell heraus
raus aus dem miefigen Haus!
Leute, zieht den Kopf aus dem Sand,
sucht nicht mehr das blaue Band,
hebt eure Nasen und schnüffelt
wie die Herbstluft würzig müffelt.

Wendet die Augen zum bunten Spiel
denn im Herbst trägt das Jahr Zivil.
Die grüne Uniform der Natur
war doch nur – Makulatur!
Erst jetzt in ganzer Blöße
zeigt sich ihre wahre Größe.
Tausend Farben lässt sie funkeln
wie ein Feuerwerk im Dunkeln.
So versüßt sie jeden Tag,
dem, der heraustreten mag.
Wald und Flur verströmen Parfüm,
der kühle Herbst gibt sich intim.
Kunterbunt streichen die Lüfte.
Nasenbetörende Düfte.
Oh, diese Gerüche und Farben!
Was die Leute nur haben,
die stürmische, nasse Jahreszeit
hält so viel Schönes bereit!

Obschon Sturm um mich bläst
sammle ich doch demnächst
Kunstwerke vom Waldwege auf
und ich tanze die Hügel hinauf.
Die Nase gerötet,
das Haar zerzaust,
Hui, wie der Wind grade flötet
und um meine Ohren braust.
Ich pflück mir manche Früchte,
die ich längst haben möchte.
Und die uns so lobenswert
der bunte Herr Herbst beschert.
Der versucht uns nur umzustimmen;
nämlich von Dur auf Moll zu trimmt.
Ich weiß auch was das soll:
Denn sollte es ihm gelingen,
würde es sehr stimmungsvoll!

Jetzt wird wieder selbst gesungen,
der Vogelgesang ist längst verklungen.
Die haben wahrlich keine Zeit
sie bringen in ihrem Federkleid
– je Pärchen, also immer zu zweit
ihre Brut nach Afrika zurück;
dort glänzen die Augen vor Glück
schwarze Kinder rufen froh:
„Sie sind zurück von irgendwo
Hurra, hurra, da sind sie ja,
alle Vögel sind schon da!"
Die Welt ist rund - was das betrifft
ist sie globales Tauschgeschäft.
Überall soll einmal Frühling sein,
woanders bricht dann Herbst herein.

Geteiltes Leid ist halbes Leid,
geteiltes Glück uns doppelt freut;
Blühen, Reifen, Ernten und Erstarren;
alle Jahreszeiten waren
ja jederzeit vorhanden.
Und als Lebenskreis verstanden
sind sie für uns alle gut.
Lehren uns Freude und Mut,
lehren uns Hoffen und Harren
und sie halten uns nicht zum Narren.
Denn der Winter geht vorbei
und dann grünt uns der Mai
So ist - wenn ich's richtig bedenk'
der Herbst ein schönes Geschenk.

Wie die Quitten stritten

Vergang'nes Jahr, da stritten
zwei saftig gelbe Quitten
wer wohl die Schönste sei.
Oktober war's, des Herbstes Mai.
Die eine hub gleich lauthals an
und bald darauf entspann
sich großes Wettgeschrei:

„Ich bin die schönste am Baum,
bin Juwel, bin Gärtners Traum!
Mein Kleid ist ein Edelstück;
tausendmal schöner als deins!"
Die andere zickte zurück:
„nein meins, meins, meins!
jedermann möchte mich haben,
du aber, lass dich begraben
im Namen des Quittenvereins!"

Da raunten unwirsch inmitten
der Äste die übrigen Quitten:
„Wir möchten euch zwei schon bitten!
Denn auch wir sind rund und schier
seid ihr denn besser als wir?
Auch wir strahlen wie Gold,
auch uns ist die Sonne hold,
auch wir übrigen Quitten hier
sind unsres Gartens Mitte Zier!"

Das erste Früchtchen meint blasiert,
nur an ihr wär man interessiert.
Die Schale umgäbe sie wie Samt
der aus einer Schatztruhe stammt!
Das habe der Gärtner gesagt,
den hatte sie gestern gefragt.
Da schrie die andere Quitte:
„Halt deine Gosche, verdammt,
ich hörte nirgends Schritte,
aber gestern in tiefster Nacht
hat mir der Mond zugelacht"
Dem widersprach erstere jetzt:
„Pah, an mir hat er sich ergötzt,
mich hat er mit Tränen benetzt,
denn vor lauter Liebe zu mir
weint nachts der Erd-Kavalier."

„Deine verschrumpelte Haut?
sieht aus wie durchgekaut!"
keifte die zweite zurück,
dir fehlt doch `n Stück!
Du solltest dir eingesteh'n
nur mich hat er angeseh'n,
ich, und nur ich bin sein Glück!"
Derart beschimpften und stritten
sich die zwei goldenen Quitten
noch lange und heftig vor Wut.
Dann kam der Winter prompt
kalt wie er ja immer kommt
und sein Sturm reinigt ihr Blut:
Niemand hatte sie abgeschüttelt,
geschält, entkernt und geviertelt;
keine wurde zu Quittengelee
oder zu Weihnachtsfrüchtetee.

Noch im Jänner hingen sie dort;
schwarz und vertrocknet am Ort;
selbst für die Vögel im ärgsten Frost
warn sie kaum Hausmannskost
und als die Winterwinde bliesen,
für niemenden zu genießen.

Die Streithühner aber, die zwei
die wild ihre Zwietracht ritten,
waren arme hässliche Quitten.
Ihre Zeit war restlos vorbei.
Ja, diese zwei beiden
waren nicht zu beneiden.
So gegen Ende April,
hingen sie steif und still
Wie arg sie auch Eifersucht litten,
nun krächzte die eine der Quitten:
„Okay, okay, ab mit dir, Brigitte
ab durch die goldene Mitte,
du gammlige alte schwarze Quitte!
Für's Erste sind wir wohl quitt
ich fühl mich auch nicht mehr fit."

Aus war's mit dem Neid.
Es wurde auch höchste Zeit.

Heinrich Lauinger

ANDY-HANDY und ANTI-HANDY

Komödie

Ein Saal in einer etwas abgelegenen Sportgaststätte inmitten einer Schrebergartensiedlung.
32 Gäste, fast ausschließlich Senioren, schauen erwartungsvoll auf die schaufensterartig gestapelten Waren vor einer Bühne, deren Vorhang einen Spalt geöffnet ist. Was würde sich hier nun bald abspielen? Eine Komödie oder eine Tragödie, vielleicht sogar einen Tragik-Kömödie?
Die Teddybären in allen Größen und Farben lassen Einiges erwarten.

Matthias (zu seinem Nachbarn): „Da sind wir vielleicht in etwas hineingeraten. Lauter ältere Herrschaften. Diese Damen und Herren könnten geradezu aus einem Seniorenheim stammen."
Andy: „Warum bist du eigentlich mitgefahren? Ich darf doch „Du" zu dir sagen oder?"
Matthias: „Wahrscheinlich aus demselben Grund wie du. Wer würde denn nicht gern zwei Riesen „ohne Arbeit" mit nach Hause nehmen?"
Andy: „Glaubst du wirklich, dass alle denselben Wisch wie wir erhalten haben, wo dieser Gewinn draufsteht?"
Matthias: „Ich glaube schon. Das sind doch alles Postwurfsendungen. Solche und ähnliche flattern doch jeden Tag in Millionen von Briefkästen."

Inzwischen hat einer der gut und adrett gekleideten Verkäufer vor dem Warenlager Aufstellung genommen. Zunächst kann er gar nicht zu Wort kommen, denn die Gäste reden ziemlich lebhaft durcheinander. Immer wieder ist von diesen 2000 Euro die Rede, und ob sie diese auch erhalten werden. Natürlich bekommt der Herr da vorne in gutem Anzug und mit flotter Krawatte das auch mit, aber er eröffnet die Vorstellung, als ob er davon nichts wüsste.

Verkäufer: „Einen wunderschönen ,Guten Morgen'! Ich begrüße Sie ganz herzlich zu dieser spannenden und sicherlich auch lehrreichen Veranstaltung. Haben Sie eine gute Fahrt gehabt?"

Einen Moment wartet er auf eine Reaktion des Publikums. Als diese ausbleibt, fährt er fort.

Verkäufer: „Aber Sie haben doch sicherlich gute Laune mitgebracht. Oder hat Ihnen das Frühstück nicht geschmeckt? Und das ist ja noch nicht alles an Geschenken!"
Franz (ein älterer Herr mit schlohweißem, bis auf die Brust reichenden Bart): „Darf ich einmal nach Ihrem Namen fragen?"
Verkäufer (etwas verlegen): „O, Entschuldigung! Den zu nennen, habe ich fast in der Eile vergessen. Ich nenne mich Torsten Wierzbycki. Aber der Einfachheit halber rufen Sie mich Torsten.
Das kann man sich leichter merken, und es geht auch besser von der Zunge."
Franz (mit mühsam beherrschter Stimme): „Also, mein lieber junger Herr Torsten Wierzbycki, oder wie immer Sie auch heißen mögen, ich hätte zunächst einmal meinen Gewinn in bar in Höhe von 2000 Euro, der mir auf der Einladung eindeutig versprochen wurde, in Empfang genommen (zeigt Torsten die Einladung mit diesem Gewinn)."

Torsten: „Warten Sie noch ein wenig. Haben Sie doch bitte etwas Geduld. Ich will zunächst feststellen, wer noch einen Geldpreis gewonnen hat. (Ruft laut in den Saal) Wer 2000 Euro oder mehr gewonnen hat, soll sich erheben!"
Wie von einer Springfeder emporgeschnellt, stehen plötzlich alle, die mehr oder minder gebrechlichen älteren Semester, kerzengerade vor ihren Stühlen. Torsten wird blass wie ein Leichentuch. Vor Schrecken versagt ihm die Stimme, und er kann nur noch flüstern.

Torsten: „Wo soll ich denn so schnell das viele Geld herbringen? (plötzlich schreit er) Nein! Es kann höchstens einer gewonnen haben, wahrscheinlich hat aber überhaupt niemand gewonnen."

Er nimmt sein Handy aus der Tasche und telefoniert. Gleich darauf öffnet sich eine Tür am anderen Ende des Saales, und aus ihr stürmt ein junger Mann, ein Schreiben in der hocherhobenen Hand, nach vorn. Dies übergibt er eilends Torsten.

Torsten: „So, da haben wir das „corpus delicti". Hier steht nichts von einem Gewinn, sondern nur eine Nominierung für einen Gewinn. Wäre für mich auch gar nicht so einfach, 64000 Euro Bargeld herbeizuschaffen."
Karl (ein Dicker mit einem Bierbrauerbauch, aber einem leicht zurückgebliebenen Gesichtsausdruck, bellt mit dröhnender Bassstimme): „Nominierung hin, Nominierung her. Jeder der Gäste besitzt ein Einladung, worauf vermerkt ist, dass er hier und heute mit 2000 Euro beschenkt wird. Ich verlange das Geld augenblicklich. Sonst setzt es was. Nicht umsonst habe ich einen Riesendurst mitgebracht."
Rudi (der andere Verkäufer, der das Schreiben gebracht hat): „Darf ich mich auch einmal einmischen? - Es sind bereits zwei

Geldtransporter im Anmarsch. Einer mit roten, ein anderer mit weißen Blüten. Welcher solls denn sein?"

Pulcheria (das einzige junge Mädchen unter den Gästen): „O, ich bin so glücklich heute Morgen! Habe heute Nacht geträumt, es hätte in unserem Garten weiße und rote Rosen auf mich herabgeregnet. Das sind doch auch Blüten, und wirklich schöne. Also, lasst beide Geldtransporter kommen. Ich und auch die übrigen Leute hier können das wirklich gut brauchen!"

Lotte (eine schon etwas ältere Dame, die literarisch interessiert aussieht): „Nun zuerst einmal zu meiner Person. Ich heiße Lotte, der Familienname tut nichts zur Sache. Bei den Herrn da vorne ja auch nicht. Aber dass ihr ja nicht glaubt, ich hätte mit der Lotte von Weimar etwas zu tun. Thomas Mann kann ich nicht ausstehen!"

Karl (sich räuspernd, dann langsam und schwerfällig sich erhebend): „Was höre ich? Thomas Mann nicht leiden können! Den muss man doch leiden können. Sonst gilt man als Antisemit. Und das ist verboten, wodurch man sich großen Ärger einhandeln kann."

Pulcheria: „Ich wusste gar nicht, dass das verboten ist. Wir haben doch Meinungsfreiheit. Das steht sogar im Grundgesetz."

Lotte: „Naives Kind! Das habe ich früher auch geglaubt. Aber es ist doch ein bisschen anders. Eine Meinung darf man haben. Aber die muss den regierenden Politikern passen. Sonst wird man leicht als Terrorist eingestuft. Man muss dann fürchten. dass plötzlich der Verfassungsschutz oder die Kriminalpolizei erscheint."

Karl: „Das ist nicht mehr als billig. Solche Leute gehören in das ‚Haus am Stadtwald‘!"

Pulcheria (neugierig): „Davon habe ich noch nie gehört. Würde mich aber sehr dafür interessieren, was das für eine Einrichtung ist."

Lotte: „Der Karl scheint da mehr zu wissen. Er könnte uns vielleicht etwas darüber erzählen. Vielleicht war er sogar schon einmal dort. Natürlich als Besucher, meine ich."

Karl (verschämt): „Leider nicht nur als Besucher, sondern sogar als Patient. Es gibt dort zwar Prügel in allen Variationen, aber das Essen schmeckt vorzüglich, so einzigartig und wunderbar, als ob Paul Bocuse persönlich kochen würde. Darum bin ich auch so dick geworden. Früher war ich nämlich rank und schlank."

Lotte: „Der Geldtransport wird nun wohl bald eintreffen. Mit dem Handy ist ja fast alles möglich. Dadurch sind wir heutzutage auf praktisch allen Gebieten viel schneller als früher."

2. Szene

Inzwischen sind ein gepanzerter Tuareg und ein ebensolcher Cayenne schneidig auf den Parkplatz gefahren und dort mit quietschenden Reifen zum Stehen gekommen. Die beiden Fahrer veranstalten nun ein lautes, dissonantes Hupkonzert. Daraufhin eilen viele Gäste aus dem Saal, um zu sehen, was es draußen gibt. Aber die Verkäufer Rudi, Torsten und Alfred halten sie davon ab, sich diesen merkwürdigen Fahrzeugen zu nähern. Sie beschwichtigen sie mit allerhand Ausflüchten und Besänftigungen.

Karl (empört): „Nun wird mir die Sache aber doch langsam zu dumm. Ich heiße zwar nicht Karl Dall und bin auch kein berühmter Film- oder Fernsehstar, aber mein Geld will ich trotzdem haben. Das ist mein gutes und buchstäblich verbrieftes Recht."

Lotte: Natürlich hat Karl recht. Wir dürfen uns nicht im letzten Moment um unseren wohlverdienten Gewinn bringen lassen. Sonst würden wir ganz erbärmlich dastehen, und die Kerle würden uns am Ende noch auslachen."

Pulcheria: „Nein, soweit darf es keinesfalls kommen. Aber es ist beinahe soweit. Schaut doch einmal, wie unsere drei Starverkäufer mit den beiden obskuren Fahrern flüstern. Die könnten doch laut reden, wenn sie nichts zu verbergen haben. Aber die haben etwas zu verbergen, da bin ich mir ganz sicher. Wir sollten uns doch ihrer versichern. Sonst brennen die fünf mit dem Geld noch durch, und wir haben das Nachsehen."

Lotte (halblaut): „Ich weiß Rat! Mein Bruder hat eine einflussreiche Stelle bei der Kriminalpolizei. Der soll mit einer Zivilstreife anrücken und das Geld beschlagnahmen. Sonst bekommen wir es sicher nicht."

Karl: „Aber bis die da sind, können die Ganoven mit dem Geld längst über alle Berge sein. Wir müssen sie daher selbst daran hindern, mit dem Geld wieder wegzufahren."

Pulcheria: „Aber sie lassen uns ja nicht auf den Platz!"

Lotte: „Ich will mal sehen, ob es noch einen anderen Ausgang aus dem Haus gibt (geht in den Saal zurück)."

Udo (schreit): „Wir werden hier wie Gefangene festgehalten. Das dürfen wir uns nicht bieten lassen. Kommt. lasst uns alles kurz und klein schlagen!"

Bei den letzten Worten eilt erschrocken ein Kellner herbei und gibt den Gästen Zeichen, ihm durch die Gaststube zu folgen. Alle Gäste erheben sich von ihren Stühlen und folgen dem Kellner, von dort in die Küche, wo eine Treppe ins Freie führt. Sie beziehen vor der Ausfahrt, die auch zugleich Einfahrt des Parkplatzes ist, Stellung. Es kann nun kein Fahrzeug weder heraus- noch hereinfahren. Rudi lugt um die Hausecke, zieht sich aber schnell und erschrocken, ohne bemerkt zu werden, zurück.

Rudi: „Da haben wir die Bescherung! Wir können nun gar nicht mehr wegfahren."

Torsten: „Aber weglaufen könnten wir. Dort drüben ist der Wald. Ich glaube, unsere aufmerksamen Gäste würden das nicht bemerken, denn sie stehen alle auf der anderen Seite des Hauses."

Alfred: „Sollen wir das den beiden Fahrern auch sagen?"

Dem Parkplatzteil bei der Küche nähern sich in langsamer Fahrt fast lautlos zwei schwere Mercedes. Matthias macht mit dem Finger vor dem Mund ein deutliches Zeichen, dass alles so leise wie möglich geschehen soll. Daraufhin steigen acht Polizisten in Zivil aus den beiden Autos und lassen die Türen offen. Mit gezogenen Pistolen schleichen je vier Polizisten um die beiden Hausecken und nehmen die Ganoven in die Zange. Die drei Verkäufer werden vorläufig festgenommen und mit Handschellen in einen der Mercedes gesetzt. Die beiden Fahrer müssen nun die Hecktüren ihrer gepanzerten Fahrzeuge aufschließen und die Safes entriegeln.

1. Polizist: „Was sieht man denn da? Dies sind ja gar keine Euro, sondern vielmehr Dollar!"

2. Polizist:" Wie kommt ihr denn zu diesem Geld?"

1. Fahrer: „Das ist eine Spende der Amerikaner aus Landstuhl. Die haben das Geld irakischen Terroristen abgenommen. Sie wussten nun nicht, wohin damit, da es für solche Fälle bei ihnen keinen bestimmten Paragraphen gibt. Ich arbeite nämlich hauptberuflich bei den Amerikanern in der Verwaltung, und nur gelegentlich fahre ich Geldtransporte. Das mache ich so nebenher. Und deshalb habe ich vorgeschlagen, das Geld für Gewinne bei einer Werbeverkaufsveranstaltung zu spenden, was auch geschehen ist."

1. Polizist: „Wieviel ist es denn?"

2. Fahrer: „Genau 100.000 Dollar, gebündelt in 100 Päckchen zu jeweils 1000 Dollar, die jeweils zehn 100Dollar-Scheine enthalten."

3.Szene

Der Wirt, die Wirtin, ein Kellner und eine Kellnerin haben sich in die Gaststube begeben und beratschlagen nun, was sie tun sollen, damit wenigstens die Zeche der Gäste und der Veranstalter bezahlt wird.

Wirt: „Da sind wir in etwas hineingeraten. Diese Firma „Kunst und Boden" scheint ja nichts anderes als eine gerissene Betrügerbande zu sein."

Wirtin: „Du hast recht. Wenn wir ein paar Euro für all den Aufwand kriegen, können wir noch froh sein. Wahrscheinlich aber sehen wir überhaupt kein Geld."

Kellner: „Von den Schätzen in den Geldtransportern werden wir sicherlich nichts erhalten. Eher geben sie den Polizisten etwas davon als uns."

Kellnerin: „Aber die dürfen doch nichts annehmen. Das wäre doch glatte Bestechung. Die würden sofort ihren Job verlieren und obendrein noch eingesperrt werden."

Wirt: „So steht es in den Gesetzbüchern. Aber die Praxis sieht oft anders aus. „Wo kein Kläger, da kein Richter", hat schon mein Vater gesagt, und ich glaube, dass er recht gehabt hat."

Kellner: „Die werden sich schon einigen und das Geld einigermaßen gleich unter sich aufteilen."

Wirtin: „Ich glaube, die Gäste werden gar nichts bekommen. Die werden wie üblich ohne den versprochenen Gewinn heimgehen. Aber trotzdem werden die meisten das nächste Mal wieder mitfahren. Diese verkalkten Mümmelgreise und die alten Weiber sind ja unbelehrbar. Die machen jedes Mal denselben Fehler und ihre Geldgier und Gutgläubigkeit sind einfach nicht auszurotten."

Wirt: „Weiß jemand von euch zufällig, wieviel Geld die da draußen in den beiden Panzerautos herbeigeschleppt haben? Das würde mich brennend interessieren!"

Wirtin: „Geh doch hinaus und frage die Herren einmal danach. Du hast doch ein Recht darauf, das zu wissen. Schließlich läuft diese dubiose Aktion auf deinem Grund und Boden ab."

Wirt: „Ich geh nicht hinaus. Ist mir zu gefährlich. Für was habe ich denn mein Personal. (Zu seinen Bediensteten gewandt) Wollt ihr das nicht auskundschaften, vielleicht ganz unauffällig, wenn das möglich ist."

Kellnerin: „Wenn die Herren der Schöpfung sich mal wieder als Angsthasen erweisen, will ich das übernehmen. Torsten wird mir das bestimmt sagen, wenn er es weiß."

4. Szene

Ganz unauffällig hat sich die Kellnerin Torsten genähert und flüstert ihm die entsprechende Frage ins Ohr. Der fährt etwas erschrocken zusammen, fängt sich aber gleich wieder.

Torsten: „Hallo! Wen haben wir denn da? Wie kommst du plötzlich da heraus? Hast du denn keine Angst gehabt? Du hast doch sicher die Wildwestszene aus dem Fenster beobachtet."

Kellnerin: „Armer Kerl, wenn ich dich nur befreien könnte."

Torsten: „Das wird dir nicht gelingen. Das Auto ist abgeschlossen und außerdem sind wir drei gefesselt. Glücklicherweise ist wenigstens die Scheibe ein wenig heruntergedreht. Sonst hätte ich dich gar nicht hören können."

Rudi: „Schick sie weg. Sie bringt sich nur unnötig in Gefahr. Helfen kann sie uns doch nicht. Und wenn sie entdeckt wird, könnte sich unsere Lage nur noch verschlimmern."

Alfred: „Warum denn? Sie könnte doch unsere Freilassung bewirken. Wir sind doch ungerecht verhaftet worden!"

Kellnerin: „Ja, das könnte ich! Diese Polizisten müssen doch auch ein Herz im Leibe haben und vernünftigen Argumenten zugänglich sein. Aber zunächst will ich meinen Auftrag erledigen. Der Chef will wissen, wieviel Geld die beiden Transporter mitgebracht haben. Deshalb hat er mich herausgeschickt. Weißt du das zufällig?"

Torsten: „Sie sollten 100.000 Dollar bringen. Das entspricht ungefähr 64.000 Euro."

Rudi: „Das wäre ein recht guter Wechselkurs."

Alfred: „Wenn etwas für uns übrig bleibt, soll es mir recht sein."

Kellnerin: „Ich kehre nun in die Gaststube zurück, um das zu melden. Dann werde ich mich mit denen dort beraten, wie euch zu helfen ist."

Torsten: „Aber wenn sie uns hängen lassen wollen? Wirst du dann auf eigene Faust etwas unternehmen, um uns zu helfen?"

Kellnerin: „Jedenfalls werde ich darauf hinwirken, dass der Chef endlich seinen Rechtsanwalt anruft, um diesem die Lage hier zu schildern. Das hätte er längst tun sollen. Allerdings ist es kein Wunder, das er das bei all dieser Aufregung hier bisher vergessen hat."

Fortsetzung folgt…

Michaela Obermüller

GEDANKEN SIND FREI

In Gedanken versunken,
schreibe ich im Herzen meine Träume auf.
In meiner Seele kann ich für kurze Zeit dem Alltag entfliehn.
In meinen Träumen will ich mich nicht mit Negativem
befassen.
DEM zu entfliehen - ich entronnen bin?

Beim Sortieren all meiner Gedanken,
entdecke ich seit langer Zeit wieder:
„Mein verstecktes ICH!"
Hier kann ich abschalten, muss nicht nachdenken
über Alltag, über Krankheit
UND über Sorgen!

Nur beim Schreiben kann ich vergessen
darf meinen Gedanken nachhängen
und meinen Zukunstsängsten entfliehn.
Einmal nur für sich sein
und nein zu sagen.
NEIN zu allem dass mich quält:

UND FÜR EINEN MOMENT LANG
VERGESSEN DAS MORGEN

DIE SONNE UND DU

SONNE
wärme mich.
SONNE
strahle mich an,
damit ich den Alltag meines Lebens
bewältigen kann.
DU
bist wie ein Sonnenstrahl.
DU
der regnerische, nebelverhüllte Tage
durchdringt.
DU
der mein innerstes Sein
zum Strahlen bringt!

DANKE DASS DU MICH LIEBST

NEUE WEGE

Einen verborgenen Weg gehn`
Neues entdecken
Neues finden.

Das verborgene ICH neu suchen
Längst vergessene Träume wieder finden
Den Mut haben
Träume in die Tat um zusetzen

Niemals vergessen DAS NEUE zu suchen
Etwas riskieren
Um dann zu erkennen

DASS MAN WIEDER EINEN NEUEN WEG
IM LEBEN GEFUNDEN HAT

GEDULD

Im Negativen das Positive zu sehn
den vorgeschriebenen Weg beständig weiter gehn.

Aus Altem Neues zu machen
über Ungeschicke des Lebens zu lachen.

Das Unvorhergesehene zu nehmen wie es ist
nicht mit Heimtücke, oder gar mit List.

Auf sich zu nehmen die eigene Schuld:

DASS NENNT MAN GEDULD

VERGANGEN

Gedanken nicht nachtrauern
worauf Erinnerungen beruhn.`

Niemals fallen in den Alltag
und die Träume einfach tun.

Nie zu alt sein
um über Vergangenheit
und Gewesenes zu klagen.

Jeden Tag aufs Neu zu sich selbst
und dem Leben:

JA ZU SAGEN

WENN ICH EIN VOGEL WÄR..........?

Würde ich die Welt umrunden,
mit neutraler Meinung die Menschheit erkunden.

Wenn ich ein Pfau wär,
würde ich vor jedem der es wert ist,
mein wunder schönes Gefieder ausbreiten
und sie für kurze Zeit ins Land ihrer Träume begleiten.

Wenn ich eine Möwe wär,
würde ich so manches ICH–bezogene Wesen
mit der mir eigenen Frechheit bekämpfen
und mit ihrer Schande auf ihrem Kopf
ihre Selbstgefälligkeit dämpfen.

Wenn ich ein Specht wär,
würde ich mit meinem langen spitzen Schnabel
so manchen Menschen ihre sturen Blockaden austreiben.
Aus dem festgefahrenen Getriebe, den alten Sand entfernen,
um so für neue Ideen frei zu bleiben.

Wenn ich eine kleine Meise wär,
wäre ich scheu und traute mich wohl kaum,
gegen andere große Vögel vor zu gehn,`
nur um in meinem kleinem Lebensraum weiter zu bestehn`.

Doch auch in jeder kleinen scheuen Meise steckt Mut!
Wird sie bedroht, verteidigt sie ihre Brut.

Unterschätzt die kleinen Vögel nicht,
in der Mehrzahl werden auch sie zum Gewicht!

Leider ist unsere heutige Welt durchaus zu vergleichen mit
der Vogelwelt.
Manche sind wie die Pfauen – schön und unnahbar.
Wieder andere keck wie die Möwen – frech und pfeifend auf
die Welt.
Dann gibt es welche die sind spitz und pfiffig - sind wie die
Spechte.

Und dann gibt es da noch die Kleinsten
die scheu sind wie die Meisen, aber wenns` drauf
ankommt kämpfen sie wie die Löwen,
wenn es um das Leben ihrer Familie geht.

Wir alle sind keine Pfauen, keine Möwen, keine Spechte,
und schon gar keine Meisen.

UND DOCH WÄRE ES NICHT SCHLECHT – SO
MANCHES MAL SICH SO ZU SEHN!!!

Irmtraut G. Otto

Unsere Welt

Wie siehst du unsere Welt?
Mit welchen Augen nimmst du sie wahr?
Sei ehrlich zu dir selbst,
dann siehst du auch vieles klar.

Warum gibt es so viel Leid auf Erden?
Denn die Ungerechtigkeit ist viel zu groß.
Doch alle unsere Beschwerden
lindern nicht, geben doch keinen Trost.

Große Taten, verbunden mit viel Mut
könnten ein wenig das Leid begrenzen.
Doch nichts geschieht, weil keiner was tut.
Alles, ja alles hält sich in Grenzen

Roswitha Schorr-Traub

Dämmerung...

Wenn der Tag die Nacht umarmt,
öffnen sich meine Gedanken für den neuen Tag.
Ungewiss sein Verlauf –
Ungewiss wie viele Tage zu erwarten sind –

Geht die Zeit ihren Weg – welchen?
Den, auf dem sie uns mit sich reißt –
Gibt es ein Widersetzen?
Im Augenblick unserer scheinbaren Befreiung,
werden wir von ungeahnten Schicksalsmächten
weggeführt – j a – fortgespült.

Wohin – Dahin – Wie vorherbestimmt.
Gibt es ein Entfliehen?

Die Mohnkapsel als Synonym für alle Drogen, die unendlich viel Leid und Tod tausender Jugendlicher verursachen.
Erst kürzlich wurde die 22- jährige bildschöne JFK-Enkelin Saoirse aus der Blüte des Lebens gerissen.

M O H N K A P S E L

Mohnkapsel du Pandorabüchse –
Streust Unheil und Tod
Dann wiederum linderst du Schmerzen in der Not –
Junge Menschen reißt du aus dem blühenden Leben
In den gnadenlosen T O D müssen sie sich dir ergeben.
MOHNKAPSEL....

Unheil aus der Pandorabüchse – bring uns die L E B E N
zurück!
Zu Tausenden suchten Sie in dir das Glück...
Und werden gnadenlos aus dem Leben gerissen
Ohne Gewissen...
In den unausweichlichen – tragischen Tod.

Mohnkapsel... die Tränen der Mütter werden niemals
versiegen –
Niemals hören sie auf zu lieben...
Mohnkapsel lasse die Pandorabüchse leer –
Sonst verschlingst du weitere Opfer in deinem Unheils-
Meer.
Mohnkapsel unaufhörlich streust du Unheil in die Welt.
Mit Verbrechen erwerben Süchtige das Geld...

Mohnkapsel zuerst wiegst du dich im feuerroten
Blütenmeer...
Mohnkapsel du streust deine feurigen Blüten-Wogen so
weit...
Mohnkapsel du stielst millionenfach L e b e n und
Lebenszeit.
Mohnkapsel lasse die Pandorabüchse für immer leer.
M O H N K A P S E L streue dein Unheil niemals mehr!
M O H N K A P S E L...

August Sonnenfisch

DER SCHWAN ÜBER DEM FLUSS

Der Fluss
fließt
tal-
ab
und talab.

Ein Schwan
fliegt
talauf:
dicht über dem
Fließenden flussauf,
mit seinen
mächtigen Schwingen flussauf.

DER VOGEL UND DAS ROSS

Dort auf dem weidenden Ross
ein Vogel! Auf
dieses Vierbeiners Rückgrat,
da, wo es still ist,
wo das Fell nicht zuckend
die lästigen Mücken verscheucht.

Wach, stolz: ein Himmlischer
bei einem Irdischen
zu Gast! Auf der atmenden
Brücke eines
Rückens. Als wäre
dies schon immer
sein Platz - in majestätischer Manier
ließ der Gefiederte
sich hier nieder.

Und nun schreitet er hin und
schreitet er her
auf dieser leben-
strotzenden Brücke
in der spätsommerlichen
Sonne eines
Mittags im September.

Doch plötzlich
hält der Gast aus den Lüften inne:
Er steht still und
schaut wachen Blicks
in diese Welt der Weiden:
schaut nach rechts und nach links
und geradeaus -
für ewige Augenblicke...

Und jählings fliegt er
wieder auf und
entschwindet in seinen Himmel -
in welchen das Ross
ihm nicht zu
folgen vermag:
ist es doch nicht PEGASOS,
das beflügelt
unsterbliche Ross!

*

Leer ist nun die Brücke. Für
einen Anderen frei:
für einen
anderen
federleicht Reisenden frei.

EIN TAG IM AUGUST

Das Rauschen des Flusses
entzückt das
Kind in meiner Seele.
Der Sommerwind
liebkost mir
Haare und Wangen.

Ich lausche dem
Rauschen.
Ich goutiere das Kosen:
koste es aus.

S t i l l e .

Die Glocke vom Kirchturm
schlägt einen
gotzigen Schlag...
Schlägt sie Viertel nach Sechs?
Viertel nach Sieben?
Nach Acht?

Ich bin jenseits der Zeit
der Chronometer.
Eins mit der
Zärtlichkeit
des sommerlichen Windes,
eins mit dem Zauber
des Flusses.

Ich bin der August.

ERWACHSENE GLEICHEN ZUZEITEN
DEM ESEL

Frau Grünklee-Sunter traf einst
leuchtenden Auges einen
schönen Mann.
Und Frau Grünklee-Sunter,
der feurige Stier, zieht
– ist sie einmal entflammt –
Männern die Hosen fix runter!

Doch zuweilen wollen Männer
nicht das, was
sie sollen, zu-
weilen wollen Männer das,
was ihr eigener Sinn:
und so gab der
Erwählte ihr – welche Pein! –
einen Korb: einen
bodenlosen Korb,
durch welchen hindurch
die Entflammte auf
den harten Boden dann fiel.

Dies trifft die zu Beginn
Beseligte tief:
brennende
Schmerzen
quälen Gesäß und Herz!

Doch statt ihrem Schmerz
sich zu ergeben:
demütig zu durchleiden
ihre Pein,
jagt Frau Sunter ihre
Schmerzen hinaus in die Welt!
Wie wir alle.
Dort geistern sie nun
drüber und drunter.
Und verwirrt ist Frau Sunter.

*

„Er sollte mich lieben!",
predigt und posaunt ihr
unhinterfragt alltägliches Denken –
dieser KUTSCHER
für ihr
Lebensgefährt!

Doch was sagt ihr HOFNARR
zu des Kutschers Maximen
für jenen Adonis
und zu ihren Tränen?

Glücklicherweis, so der NARR,
sei sie von
den Engeln geladen,
sich selber
zu lieben.
Und jenes Mannes
ureigenes Wollen
zu bemerken und zu belassen.

Geladen auch, diese Polaritäten
von Mann und Weib
zu goutieren:
das „Ewigweibliche"
in sich selbst
und das
„Ewigmännliche" ich ihm:

Den festen Schritt
eines jeden Apollon,
seine männliche Stimme, seine
Verliebtheit in Bälle...
In toto: das „Ewigmännliche"
von den Göttern.

Den weiblich wiegenden Gang
einer jeden Aphrodite,
ihre blitzenden Augen
und ihre Tänze...
In toto: das „Ewigweibliche"
von den Göttern.

So sprach der innere HOFNARR von
Frau Grünklee-Sunter.

Elisabeth Susanne Stahl

Hermes, der Götterbote

Hermes gehört zu den großen olympischen Göttern. Er ist einer der Götter, dessen Kult sich am Weitesten zurückverfolgen lässt. Der Mythologie nach ist er der Götterbote, der die Botschaft der Götter den Sterblichen überbringt. Vor der Geburt des Hermes galt die Göttin Iris als Botin der Götter. Hermes ist der Sohn des Zeus und der Pleiade Maia, einer Tochter des olympischen Gottes Atlas. Als Götterbote gilt Hermes als Schutzgott des Verkehrs, der Reisenden, der Kaufleute und der Hirten. Hermes war der Gott der Diebe, der Kunsthändler, der Redekunst, auch der Gymnastik. Er verkündete die Beschlüsse des Zeus, führte die Seelen der Verstorbenen in das Schattenreich der Unterwelt, den Hades. Die Herkunft des Götterboten Hermes wird in Arkadien vermutet, denn als Geburtsort wird der Berg Kyllenios in Arkadien, die Umgebung des Olymp, aber auch Arkas angenommen.

In römischer Zeit nannte man Hermes „Mercurius", abgeleitet von lat. „merces" für „Waren", der Gott der Kaufleute und der Reisenden. In der Spätantike entsteht eine Schrifttradition, die auf den Hermes-Kult der Antike zurückgeführt werden kann.

Die Darstellungen des Götterboten Hermes in der abendländischen kunst- und kulturgeschichtlichen Tradition variieren in unterschiedlichster Form.

Hermes bezwingt als Enkel des olympischen Atlas den Riesen Argos in der Io-Sage. Er gilt zudem als Bote des Todes, als Seelen- und Totenführer, er überführt die Seelen der Toten in das Schattenreich. Zudem gilt er als Überbringer der Träume, als Glücksbringer und Bringer des Reichtums, obgleich er mit widersprüchlichen Eigenschaften ausgestattet ist. Der Götterbote gilt als verschlagen und von großer List. Bereits am Tage der Geburt des Hermes verlässt er die Höhle seiner Mutter, tötet eine Schildkröte und verwendet den Schildkrötenpanzer als Resonanzkörper. Somit gilt er als Erfinder der Lyra, einer Art Leier. Noch am selben Tag begibt sich Hermes nach Pierien und stiehlt auf dem Weg dorthin 50 Rinder des Apollon. Auf der Flucht mit seinem Diebesgut verwischt der Götterbote seine Spuren im Sand.

Hermes schlachtet zwei der gestohlenen Rinder, die er nach dem Opferritus zerlegt. Zurück in Kyllene legt er sich wieder in seine Wiege. Ein Winzer klärt indessen Apollon über den Diebstahl des Götterboten Hermes auf. Daraufhin führt Apollon seinen Bruder Hermes zu Zeus. Hermes, der im Zuge der Verhandlung dem Gott Zeus Bogen und Köcher stiehlt, verteidigt sich vor dem Göttervater mit Lügen. Zeus entscheidet, dass Hermes die gestohlenen 50 Rinder Apollon zurückgeben muss.

Hermes zieht seine Leier, die er aus dem Panzer der Schildkröte gebaut hat und singt ein Lied zum Spiel der Lyra. Der Götterbote bietet Apollon schließlich die von ihm erfundene Lyra als Gegenwert für die gestohlenen 50 Rinder an. Apollon ist so begeistert vom Spiel des Hermes, dass er die Lyra als Gegengeschenk des Hermes annimmt. Auf diese Art und Weise ist es Hermes gelungen, wieder in den Besitz der von ihm gestohlenen 50 Rinder zu kommen. Apollon macht Hermes einen goldenen Hirtenstab zum Geschenk. Mit großer List gelang es Hermes, den von Apollon geschenkten goldenen Hirtenstab als Heroldsstab zu verwenden. Der goldene Hermesstab, auch lat. Caduceus oder griech. Kerykeion genannt, ist fortan ein Attribut des Götterboten Hermes. Der Götterbote gilt auch als Erfinder der Syrinx, einer Art Panflöte. Hermes bietet Apollon die von ihm erfundene Syrinx an und bittet ihn darum, in die Kunst der Weissagung eingewiesen zu werden. Apollon geht auf den Handel ein und lehrt seinem Bruder die Kunst des Weissagens.

Hermes gilt gleichfalls als Erfinder des Würfelspiels, zudem wird ihm die Entwicklung des griechischen Alphabets zugeschrieben. Dieses soll er zusammen mit den Moiren erfunden und weiter entwickelt haben. Die Erfindung der Astronomie, der Tonleiter, der Sportarten, des Boxens, der Gewichte und Maße wird Hermes gleichfalls zugeschrieben.

Zu den Geliebten des Götterboten gehören unter anderem die Nymphen Kermentis, Sose und Tanagra. Die Arkadier Krokos, Amphion so wie auch der König von Theben werden ebenfalls zu seinen Geliebten gezählt. Der Gott Pan ist laut der griechischen Sage ein Sohn des Hermes. Was die Mutter betrifft, so gibt es unterschiedliche Angaben: Sowohl Dryope, als auch Penelope, Persephone aber auch die Ziege Amaltheia gelten als die Mütter des Gottes Pan. Zeus und Kronos werden ebenfalls in Quellen als Vater des Gottes Pan genannt. Aus der Liebe des Hermes zu Aphrodite ist der Gott Hermaphroditos entstanden, zudem hatte Hermes einen sterblichen Sohn mit Namen Daphnis, der Erfinder der Hirtendichtung. Daphnis war aus einer Verbindung des Götterboten mit einer Nymphe hervorgegangen. Mit Antianeira zeugte Hermes die Argonauten Eurytos und Echion. Echion war Herold der Argonauten und nahm am trojanischen Krieg teil.

Hermes kann sich als Götterbote schneller bewegen als das Licht. Dies ermöglichen ihm zunächst Flügel, von denen sich je zwei an jedem seiner Stiefel befinden.

In der griechischen Mythologie begleiten Hermes und Charon die Seelen der Verstorbenen über den Unterweltsfluss Styx.

Neben dem Heroldsstab, der von zwei einander anblickenden Schlangen umwunden ist, hält Hermes auf römischen Darstellungen meistens auch einen Geldbeutel. Er wird auch manchmal mit einer Schildkröte oder auch mit einem Widder dargestellt. Hermes ist ein jugendlicher Gott, zumeist bartlos dargestellt. Wenn Hermes mit Bart dargestellt wird, ist der Bart spitz und nach vorne gekrümmt. Der breitkrempige Hut, der Petasos, kann durch einen geflügelten Helm ersetzt werden, der Panzer der Schildkröte, den Hermes als Resonanzkörper der von ihm erfundenen Leier verwendete, dient ihm gleichfalls sehr oft als Kopfbedeckung, geflügelte Schuhe wie auch Flügel runden das Bild des Götterboten Hermes ab. Hermes wird häufig auch mit einer Sichel dargestellt, einem Degen oder auch einer Pfeife, auch als Hirte mit einem Rind.

Hermes wurde als die von den Göttern gesandte, menschliche Vernunft gedeutet. Als Gott der Wissenschaft ist Hermes eng mit der Chemie und mit der Alchemie verbunden. Zugleich gilt er auch als Gott der Magier, Gaukler und Diebe.

Brigitte Thillmann

Herbsttag

Das Singen des Windes,
das Husten der Bäume,
das Wiegen der Gräser,
das Nicken der letzten Rose.

Ein schwarzer Vogel sitzt in dem
blattlosen Geäst.

Sein Federkleid glänzt wie ein
Schneewittchenhaar.

In seinem harten, gelben Schnabel,
kringelt sich ein Wurm.

Zufrieden setzt er zum nächsten Flug an.

Herbsttag!

Die Büste

Aus Farne grün und Blumenduft schaut mich
dein Antlitz an.

Mein Blick für dich nimmt täglich zu,
weil ich nicht anders kann.

Dein Teint ist Porzellan ganz zart.
Dein Mund wie Knospenspriess.

Dein Lächeln weicht niemals fort,
weil du so bleiben musst.

Lockenkranz ziert weich dein Haupt,
Augen singen Märchen.

Ich lieb dich auch wenn du es nicht glaubst,
du Büste in meinem Garten.

Vergessenheit

Die zuletzt gepflanzten Rosen,
haben längst ihr Zepter weiter-
gereicht.

Der Wildwuchs lacht.

Die in Regenbogenfarben getauchten
Diestelknospen wiegen sich im Wind.

Ein Schmetterling hat sich verflogen.

Ich selbst, im Hier und Jetzt,
komme zur Ruhe.

Die Ewigkeit hat Platz genommen!

R o s e

Wenn verblasste Farbe,

wie ein Hauch von Pergament

deine Blüte überzieht,

dann bist du

„die Schönste".

Gott ist im Herbst erwacht

Gott ist im Herbst erwacht.
Hat unsere Erde lebend gemacht.

Man weiß es nicht, man glaubt nicht dran,
doch der Herbst erinnert uns daran.

Sonst wäre der Wind nicht streichelwarm.
Die Blätter nicht knisternd bunt.
Das Himmelszelt nicht dunkelblau.
Man sehe keine Nebel ziehen ,
die ab und an, auch mit den Sonnenstrahlen
spielen.

Die Luft riecht erdig fein.
Die Felder sind gefegt.

Wir haben es geschafft.

Ganz leise und rein, streichelt der Wind das Land.

Gott ist im Herbst erwacht.

Peter Troche

DER LETZTE WINTER

Eisfrei sind Meere, Ströme, Bäche.
Dem Winter, siech in seiner Schwäche,
webt die Natur ein Leichentuch
aus bunten Blüten, uns zum Fluch.

Vorbei die Pracht aus weißen Flocken
für immerdar. Die Spatzen hocken
unterm Dach, die Schnäbel im Gefieder.
Keiner übt noch Sommerlieder.

Ach, der Frühlingsmonat März
reimt sich auf Herz und auch auf Schmerz.
Schließt sich schon jetzt der Jahresreigen,
war es das. Der Rest ist Schweigen.

DER BLINDE

Der Tag bringt ihm die Lichter der Nacht zum Verstummen.
Ihr Mitleid macht sie für seine Ohren beredt.
Sie schwatzen und schwatzen und singen und summen,
bis der Spuk in der frühe vergeht.

Das Sein ist rastlos und ungeduldig,
schaffen muß es in einem fort.
Allem bleibt es die Vollkommenheit schuldig,
aber einem Blinden wird es zum Wort.

DER ABRUF

Der Mann auf der Parkbank scheint zu schlafen.
Die spielenden Kinder wecken ihn nicht,
auch nicht die Sirene.
Von allen Rufen erreicht ihn nur einer.

POLITISCHES

Die Mitte hat nichts mehr zu lachen,
seit Wähler sich zu Affen machen,
denn in den Zeiten solcher Not
ist man lieber Tier als tot.

NÄCHTLICHES

Aus Mond wird Mund, wenn um denselben
zwei Wolken sich zu Lippen wölben,
und das Lächeln, das dir gilt,
ist das strahlendste der Welt.

GEDENKEN

Ein Blick zurück in Zorn und Trauer
ist mein Gedenken an die Mauer.
Man hatte damals keine Wahl.
Das ganze Leben eine Qual.
Die Seele schmerzte infernalisch,
denn wir lebten animalisch
in einem Zwinger, streng bewacht.
Auch bei Tage war es Nacht.

Die Mauer ist uns nicht erspart geblieben.
Nur ihr Lob, es wurde nicht geschrieben.
Brecht starb zu früh; greis schon im Geist,
als er den Kommunismus preist.

Oder starb er, einsichtig geworden,
mit einem Fluch auf seinen Stalinorden
und aller Ideale ledig?
Dann war der Tod ihm mehr als gnädig.
Gott nicht. Der wünscht uns nur zu allen Teufeln,
weil wir an seinem Dasein zweifeln.
Oder wird sein heller Zorn
zu Licht für einen Weg nach vorn
und in die Höhe zu ihm hin?
Ist er allein des Ganzen Sinn?
War am Ende jene Mauer
mehr als ein Käfig oder Vogelbauer,
in dem wir auf dem Bauch gekrochen?
Die Flügel hat man uns gebrochen.
Sie bleiben es. Doch wir erheben
den Blick, und noch in diesem Leben
gewinnt die wunde Seele Raum.
Was war, ist nur noch böser Traum.

Georg Wittmann

Hundekampf

Es war sehr kalt für einen Augustmorgen. Am Abend zuvor hatte es geregnet und die Luft war noch feucht. Die Welt war gerade am Erwachen, obwohl die Sonne schon vor ein paar Stunden aufgegangen war.

Joe war, wie immer eigentlich, im Stress. Der Wecker hatte nicht geklingelt, wann würde er auch endlich dieses beschissene Teil wegschmeißen und sich dazu überwinden, den Handywecker zu nutzen? Die Dusche war eiskalt und trotzdem nicht erfrischend und die Frau auch schlecht gelaunt. Das war ja nichts Neues, aber daran gewöhnen würde er sich trotzdem nie.

Irgendetwas fehlte aber noch an diesem Tag, hatte wohl eine höhere Macht beschlossen, und so kam es, wie es kommen musste, als der junge Mann das Haus verließ. Dort lag er. Der beste Freund des Menschen, genauer gesagt: der beste Freund von Joe.

Aber wie war das passiert? Alles sprach für einen natürlichen Tod, doch das konnte nicht sein. Gestern war er noch in der Blüte seines Lebens, tobte, bellte und verscheuchte Katzen und unliebsame Vögel, Nesträuber. Als der jugendlich anmutende Kerl an Jack, so hieß der Labrador, herantrat, waren Blutspuren zu erkennen. Eine schauerliche Szene, die ihn noch kälter und unsanfter traf als die Dusche. „Waren das die Geräusche, die ich letzte Nacht gehört habe?", dachte er sich. Da er sich, wie eigentlich jede Nacht, wegen seiner Rippe, stundenlang gedankenverloren im Bett herumwälzte und kein Auge zutun konnte, hatte er etwas gehört. Keuchen, Knurren, aufeinanderprallende Dinge. Doch er hatte es als einen Wachtraum abgetan, hatte ihm seine Fantasie doch schon so oft einen Streich gespielt. Da die Zeit immer knapper wurde und er es sich nicht schon wieder leisten konnte zu spät zu seinem ätzenden Job in der Bank zu kommen – man musste wirklich seelenlos sein, um sich dort freiwillig seinen Lebensunterhalt finanzieren zu wollen – schob er den leblosen Landsmann, der Haus und Hof all die Jahre brav vor allem Möglichen beschützt hatte, mit dem Fuß zwischen Haus und Garage. Die Nachbarn mussten ja nicht sehen, dass diese höhere Macht, von der alle immer sprachen, ihm schon wieder einen Schlag versetzt hatten.

Gedankenverloren und mit leeren Augen stieg er in sein Auto. Klasse. Der Wagen sprang nicht an. Nervös kramte er den Schlüssel für sein Fahrrad hervor und überfuhr beinahe noch den Kadaver, der langsam anfing, streng zu riechen. Auf der Arbeit angekommen war er unkonzentriert und schweifte mit seinen Gedanken immer wieder zu Jack ab. Allerdings fühlte er dabei nichts. Er musste an den Hundewelpen denken, der ihm an Weihnachten vor zehn Jahren aus dem Geschenk entgegengesprungen war. Und an die nach fauligen Zähnen riechenden, nassen Küsse jeden Morgen. Auch wenn er diese Zuwendung von seinem Hund nie besonders genossen hatte, war es doch einer der wenigen Momente gewesen, an denen er sich noch wertvoll und erfüllt fühlen konnte. Die Zeit ging dahin und mit ihr die Gedanken. In der Mittagspause fasste er den Entschluss, dass Jack doch ein anständiges Begräbnis verdient hatte und nicht in der Sommerhitze von Maden zerfressen werden sollte. Vor allem nicht, da ihn Kriechtiere jeglicher Art anwiderten. Was wahrscheinlich auch der Grund war, weshalb er seinen besten Freund jedes Jahr pünktlich zur Wurmvorsorge brachte und dann einfach noch die regelmäßigen Impfungen mit auf sich nahm. Vielleicht war es aber auch die süße Assistenzärztin. Bei dem Gedanken an sie zuckte Joe am ganzen Körper zusammen. Sie würde er auch nie wiedersehen – jetzt wo er keinen Grund mehr hatte, am Bahnhof beim Tierarzt seines Vertrauens aufzuschlagen. Die Trauer darüber konnte er allerdings schnell von sich abschütteln, denn wieso hätte sie überhaupt Interesse an einem Mann haben sollen, der mit 40 immer noch so aussah, als wäre er gerade 16 geworden, als Sachbearbeiter am Bankschalter stand und der seine Klamotten bei Supreme kaufte, um sich am Wochenende auf „Geschäftsreisen" bei 20-jährigen einzunisten, um keine vollen, nicht enden wollenden, zwei Tage mit seiner Frau alleine verbringen zu müssen.

Also schnappte er sich das Fahrrad, steckte sich seine Kopfhörer in die Ohren und fuhr die übliche Strecke nach Hause. Als er gerade an der Brücke ankam, die ihn sicher über die Bahngleise bringen sollte, begann Star Shopping von Lil Peep zu spielen. Dieser Song. Dieser verdammte Song. Joe hatte ihn bestimmt schon 1.000 Mal gehört, trotzdem war er einer der wenigen Dinge, der ihm noch ein paar Gefühle zurückgeben konnten. Irgendeine unsichtbare Kraft brachte ihn dazu, von dem Drahtesel abzusteigen und die Brücke zu Fuß zu überqueren. Als er am höchsten Punkt angekommen war, drehte er seinen Kopf nach rechts und sah die Berge aus den immer schmaler werdenden Gleisen emporschießen. Langsam trat er näher an das Geländer heran. Tränen schossen ihm ins Gesicht. Joe hatte alles verloren. Als der Song aufhörte zu spielen, stieg der Mann auf die Brüstung.

Ich habe es erlebt

Jürgen Bennack:

A und O und der Mauskonflikt

Die Pensionierung machte mich zum Ökologen und Ornithologen!
Der Ökologe in mir lagerte in seinem kleinen Garten Moderholz,
er legte Reisig- und Steinhaufen für allerlei Kleingetier an, er pflanz-
te Blütenpflanzen (für Insekten und Schmetterlinge) und bevorzugte
solche Gewächse, deren Beeren als Vogelnahrung dienen konnten,
zudem nutzte er einen alten Korbsessel als Kräuterstand.

Der Ornithologe, also der Vogelkundler in mir, wollte wissen, welche Vögel meinen Garten aufsuchten. Um sie zu locken, installierte
ich eine Vogeltränke und setzte ein kleines Vogelfutterhaus – nach
seiner Bezugsquelle „O" genannt – auf einen Baumstumpf. Winters
erweiterte ich mein Futterangebot um eine Anlage, bei der je nach
Benutzung die Befüllung herabrutschte und die mehrere Tage Futter
bieten konnte. Nach dem Ort der Erwerbung nenne ich sie „A". Ich
hängte sie an meinen Fliederbaum. Weder „O" noch „A" gestatteten
größeren Vögeln, ausgewachsenen Elstern und Wildtauben die Nah-
rungsentnahme. Ich meinte, die kleineren Singvögel bevorzugen zu
müssen.

Beide Futterstellen konnte ich von der Terrasse aus, mittels eines Fernglases, auch genauer beobachten. Schon im ersten Winter
beobachtete ich etliche Vogelarten: Amseln, Dompfaffe, Eichelhä-
re, Finken, verschiedene Meisen, Rot- und andere Kelchen, Pieper,
Spechte, Sperlinge, Stieglitze und Zaunkönige.

Ich nahm hin, dass sich unter „A" ab und zu Mäuse labten und Elstern, auch Ringeltauben sich an den heruntergefallenen Körnern güt-
lich taten. Erreichen konnten die Mäuse die „A"-Futterstelle nicht,
sie baumelt freihängend an einem Ast. Nicht dulden jedoch wollte
ich, dass – so konnte ich beobachten – Prozessionen von Mäusen

dcn Baumstumpf emporkletterten und sich über das Vogelfutter in „O" hermachten. Hier musste eine Änderung erfolgen!

„O" befestigte ich daher an einer Metallstrebe mit mausverhinderndem Abstand an einem Holzpfosten meiner Terrasse. Zu spät kam die Warnung: Vogelhäuschen ziehen Mäuse an. Die ungestüme Art der Vögel, etliche Körner zu verschmähen oder sie einfach herunterfallen zu lassen, lockten die Mäuse an meine Terrasse und damit in die Nähe des Hauses. Hier waren sie allerdings unerwünscht. „O" musste also weiter von Haus weg installiert werden.

So schraubte ich „O" an einen Pfahl, rammte diesen in den Boden und befestigte ihn mit Kabelbindern an einem Baumstamm ganz hinten im Garten. Mit den frechen Eichhörnchen, die sich in das kleine „O"-Häuschen quetschten, hatte ich nicht gerechnet. Sie genehmigten sich doch tatsächlich eine unzulässige Zusatznahrung, obwohl ihnen mein ökologischer Garten Nahrung, z.B. durch die Früchte meines reich tragenden Walnussbaums, lieferte. Aber Eichhörnchen sind possierlich und werden deshalb geduldet. Weniger erfreut nahm ich zur Kenntnis, dass es den Mäusen trotz der Abstand-haltenden Metallschiene gelang, in „O" zu gelangen. Mäuslein sind eigentlich auch possierlich – im Unterschied zu Tauben und Eichhörnchen könnten sie aber Hausbewohner werden und das wollen wir nicht!

Es ist erstaunlich, wie Mäuse klettern und springen können; den Baum und seine Zweige nutzten sie akrobatisch als Kletterhilfe, um in „O" zu gelangen. Meine Bemühungen, sie zu verscheuchen, waren nur kurz erfolgreich. Nachdem sich eine Maus flott und purzelnd „abgeseilt" hatte, saß sie wenige Minuten später wieder in „O".

Was sollte ich tun? Mich den Mäusen ergeben? Nein, keinesfalls! Ob ich die Mäuse besiegen kann?

Das Vogelhaus „O" wird künftig entweder an einem Seil in der Luft baumelnd befestigt, oder es wird fern von jedem Baumstamm, am Pfahl mit verbesserter Sperrung von Übergängen zum Vogelhaus aufgestellt. Noch grübele ich!

Rilke Engel

Rigoletto

Victor Hugo weiß genau,
wenn getroffen Mann und Frau
vom Geschehen, das heißt Liebe,
das bereithält Trieb und Hiebe.

Wurd ein Herzog aus dem König,
dessen Lüstern war nicht wenig.
Nichts es nutzte, dass der Vater
wähnte sich als gut Berater
an dem Hofe als ein Clown.
Gilda lieb war anzuschaun.

Beute ward sie für den bösen,
sittenlosen, ominösen,
Herzog leicht von Mantua.
Als Student kam er ihr nah.

Höflinge, ach, Gilda rauben.
Rigoletto kann's nicht glauben;
Dingt den Mörder mit Gewinn,
Dessen Schwester Tänzerin.

Gilda, die voll Liebe brennt,
blindlings in ihr Unglück rennt.
Schwarzgekleidet als ein Mann
opfert sie sich, ach, sodann.

Macht sich auf zur Schicksalszeit
Maddalenas Plan geweiht;
denn auch sie den Herzog liebt
und ihr Bruder nicht verübt
seinen Auftrag, zu erstechen
den Geliebten, der Verbrechen
an den Frauen hat getan.
Gilda opfert sich im Wahn.
Sie erscheint zur dunklen Zeit,
wird dem Dolchestod geweiht.

Rigoletto mit Entsetzen
reißt sein Kleid in tausend Fetzen.
Statt des Unholds in dem Sack,
sterbend liegt im schwarzen Frack,
seine Tochter herzdurchstoßen
sterbend vor dem Hoffnungslosen.

Mathilde und Werner Julius Gündisch

KORALLENGÄRTEN

schmucker
BLUMENTIERE
Pflanzen oder Tiere, was ist
dieses farbenfrohe Geziere?
Lauter FARBE und LICHT
im tiefdunkeln OZEAN, heiße
Sonne die Blumentiere zerbricht.

Ja, was sind das denn für Dinge?
Blumen, Tiere herrliche Bestände,
die aus dem Meere farbenbunt
leuchtend den Himmel anstrahlen,
in unzählig zärtlichen Farben?

Blumentiere, Familien der Korallenriffe,
lebendige Barrieren im Meer,
widerstrahlende artenreiche
Ökosysteme der Erde. Prächtig
geschmückt von bunten Algenbewohnern.

Korallenkrone aus feinen Polypen
festgebunden zu Korallenstöcken,
riesengroße Riffs generieren.
Weit aus dem Ozean leuchtend bis ins
ewige All zu den Astronauten führen.

Gebilde, Hitze macht sie blass und krank
und die Sonnencremen, schmutziger Müll,
giftige Abwasser gefährden die Existenz.
Blumentiere – Korallengärten, die uns der
Schöpfer zur Freude so reichlich geschenkt.

GLÜCKSMOMENTE-MONDMAGIE

Atemberaubendes Naturschauspiel
am zauberhaften Winterhimmel,
Millionen Sterne hoch oben wimmeln,
zieren den Thron der Mondmagie!

Ein Glücksmoment ward mir geschenkt!
Das Eisblumenfenster weitgeöffnet stand
das Mondgestirn in royalem Nachtgewand,
blickt fest mich mit verliebten Augen an.

Der stolze Blutmond stand im Hochzeitskleid,
hielt Ausschau nach der schönsten Maid.
Leicht ertappt auf Brautschau ER sich befreit
aus Mutters Erden verliehenem Schattenlaib.

Die Morgensonn' mit seidig warmen Strahlen,
verfinsterte sein silberglänzendes Purpurgesicht.
Dieses prächtige Bild versuchte ich zu malen,
doch der Rotschimmer verfloss im Morgenlicht.

Mir waren magische Glücksmomente vergönnt!
Den Himmelswächter so hautnah zu erleben
'ne Stunde hielt sein purpurglänzendes Licht,
erst in Jahrzehnten wird's ihn so wiedergeben!

Dann bin ich 99 Jahre alt. Müd' werde ich
Ausschau halten nach dem wunderschönen
Mondgesicht von heute, doch trübverweinte
Augen sehen auch die schönsten Männer nicht.

Glücksmomente, zauberhafte Spektakel,
werden die Enkel auch erleben! Gestirne,
Naturschauspiele wird's immer wieder geben.
„Atemberaubende Momente im Erdenleben!"

FLAMMENTOD

in
Mendocino
Der Flammentod bedroht die Geschöpfe!?
In Mendocino wütet der größte Brand in
Kaliforniens Geschichte!

Ein Flammenmeer so groß wie zwei Areale
des Bodensees, zehntausende Menschen
auf der Flucht, sichere BLEIBE sucht.

Kalifornien brennt!
Jedes Geschöpf um sein Leben rennt!
Sengende Hitze, stechende Sonnenstrahlen,

bringt dieser Sommer die VORBOTEN der
Heißzeit auf ERDEN!?
Was soll jetzt aus Mendocino werden?

Einst vernichtete Gott die Sündenwelt
durch Überschwemmungsflut, nur Arche
Noah mit den Tieren blieb verschont.

Gott setzte den Regenbogen als Versöhnungs-
zeichen an den Himmelrand, er versprach:
„Keine Vernichtung mehr durch wilde Flut!"

Einmal wird die Welt durch die Höllenglut
sterben, Gestirne kollidierend die Erde im
Flammentod brennend verderben.

ICH RED' MIT DEM WIND

Matt und traurig liegen die Blumen am Boden,
getrübt von der glühenden Sommerhitze!

Taumelnd wälzen sich die Bienen im Beet,
Alles erwartet die Abendkühle im Schwitzen.

Seit Wochen hält uns im Griff die Affenhitze!
Dürre Felder, sinkende Bäche, brennende Wälder,

sterbende Fische, verendende Tiere vor Durst.
In Gewässer giftige Algen gedeihen. Badefrust.

Die Geschöpfe stöhnen, lechzen, schreien
nach frischem Wasser, es kann nicht regnen.

Den Bauern bleiben die Felder verdorrt. Ungesegnet.
Übermächtige Hitzeglocke hält das Land im Knauf.

Wann, nur wann, hört dieser Wahnsinn auf?
Sonnenglut schmilzt die ewigen Gletscher,

Korallenriffe bleichend verschmutzt sterben,
Eisbären, der Planet verraucht. Permafrost

gibt Methangas frei, verpestet die Luft, der
Meeresspiegel steigt, die Menschheit nach Hilfe ruft.

Ach, Gott muss denn die Terra unter Wetter-
kapriolen ersaufen, verbrennend verderben?

Keiner hört's, nur der Wind, trägt meine Klagen
zum Himmel hoch, ER wird es den Göttern sagen.

MORANDI-BRÜCKE

von

Genua lebt nicht mehr

August. Schlechte Nachricht, Aufschrei,
die große Morandi-Brücke von Genua
ist eingestürzt, sie lebt nicht mehr!

Symbol des Bösen ihr hängendes Gerippe
43 Menschen in Autos, in Häusern lebendig
begraben, eingescharrt in den bitteren Tod.

Überreste von Balken und Stahlgerippe
knirschend bedrohen die Häuser darunter,
eigenen Rest vom Morandi-Brücken Laib.

„Nicht noch einmal!", rufen die Trauernden.
„Nie wieder so ein Einsturz, ein Unheil, die
Menschen lebend reißen in den Höllengraben!"

Erbauer geschockt nach dem Urgrund fragend.
AUTOSTRADE nennt man ihren Namen.
Am Jahrestrauertag beschlossen die Stadtväter

in Kürze, eine starke Morandi-Brücke neu zu
erbauen, sicher fahrend über den Höllenschlund!
Genua hoffnungsvoll in die Zukunft schauend.

SCHWARZE ELSTER

Schwarzer Fluss dich hat keiner gekannt,
bis zum Tod deiner Fische im Sommersand.

Jetzt wo kein Tropfen Wasser mehr fließt,
Mensch und Tier dich so sehr vermisst.

Versiegte Quelle des Lebens nun allen bekannt.
Schwarze Elster, du bist nur noch dürres Land.

Was soll aus dir werden – einst frohe Lebensader?
Deine schönen Ufer verdorrt zu Stein und Sand!

Ausgetrocknet stillst den suchenden keinen Durst,
Geschöpfe, die Natur, wehklagen laut ihren Frust.

Schwarze Elster dein matter Totengeist
flatternd deine unbeseelten Opfer umkreist.

Jetzt ist allen Fragenden, ihr Leiden bewusst:
Der heiße Sommertod ist ein immenser Verlust.

VOM SOMMERGLÜCK

Da ich auf dieser wundersamen Erde bin,
existiere ich, darf glücklich sein und leben
Gott schenkte mir dies kleine Erdenglück, ER
wird gewiss mit Liebesgaben mir begegnen.

Wenn's Abend wird, es dunkelt grau die Nacht
Der Silbermond am Himmel schaukelnd still das
silberne Sternenheer bewacht, schau ich empor
ins blaue lange Zeit, träum' von der Ewigkeit.

Wenn die Morgensonn' mit Goldstrahlen erwacht,
vertreibt die Kälte und die Finsternis der Nacht
Licht, Wärme zärtlich küssend meine nackte Haut,
ist mir die schöne Welt so lieblich, und vertraut.

Mein lieb' Kindlein in der Wiege träumend lacht,
die Lämmchen auf den Blumenwiesen spielen sacht.
Die Bienchen summend fleißig trinken den Nektar,
sie sammeln süßen Honig für ein ganzes Jahr.

Wenn der Sommerwind meine müden Schläfen kühlt,
der heiße arme Kopf von Alltagsorgen sehr ermüd't,
spür ich wie Gotteshand mich liebend sanft berührt.

Wenn mein gebroch'nes Herz vom Vogelgesang erquickt,
alltäglich Wunderding der Schöpfung neu erblickt,
beug' ich vor Gott die Knie, bin glücklich wie noch nie!

Felix Julius

Die Kellnerin

Andreas fuhr mit seinem Auto durch den Schweizer Jura. Er befand sich auf einem dieser spontanen Ausflüge, welche er so liebte. Es war ein freundlicher, sonniger Tag. Das Dach seines Cabriolet hatte er geöffnet und fuhr fröhlich pfeifend über die wenig befahrene Landstrasse. Auf den eingezäunten Wiesen neben der Strasse weideten Pferde und Kühe und in den Tannenwäldern konnte man hin und wieder ein paar Wanderer sehen. Nach einiger Zeit kam er an einem abgelegenen Landgasthof vorbei und dachte im vorbeifahren, eigentlich sollte ich hier einen Kaffee trinken. Also wendete den Wagen und fuhr auf den Parkplatz vor dem Gasthof. Wie sich herausstellte, gehörte die Wirtschaft zu einer größeren Anlage, welche auch noch einen Bauernhof und ein Gestüt umfasste. Einige Pferde grasten auf ihren Koppeln und in der Ferne ritten zwei Frauen am Waldrand entlang. Auf dem Dressurplatz wurde ein widerspenstiger Hengst an der Trense im Kreis herumgeführt.

Andreas betrat die Gaststube. Das Innere des Lokals war offensichtlich restauriert und mit viel Liebe zum Detail neu eingerichtet worden. Alles hier wirkte sehr gepflegt, nichts war dem Zufall überlassen worden. Während Andreas sich in dem leeren Restaurant umsah, kam die Kellnerin herbei und fragte ihn nach seinen Wünschen. Er bestellte einen Cappuccino und einen Nussgipfel. Dann setzte er sich an einen Tisch. Die junge Frau sagte, er könne sich ruhig in der ganzen Gaststätte umsehen. Aber Andreas blieb sitzen und begann, wie er es gerne tat, seinen Gedanken nachzuhängen. Die Kellnerin war ihm irgendwie auf den ersten Blick bekannt vorgekommen. Er konnte sich jedoch nicht erklären, warum und wieso. Kurz darauf kam die junge Frau mit dem bestellten Cappuccino und dem Nussgipfel zurück, stellte alles fein säuberlich vor

Andreas auf den Tisch und machte sich dann mit auffallendem Eifer in der Gaststube zu schaffen. Sie staubte ab, deckte die Tische auf und putzte die Spiegel blank, die überall aufgehängt waren. Andreas beobachtete die Frau, die ihm sofort sympathisch gewesen war, mit zunehmendem Interesse.

Und auf einmal stand ihm, wie eine Art Film, ein bewegtes Bild vor der Seele. Die Szene spielte offensichtlich in vergangener Zeit. Und irgendwie war alles gleichzeitig aber dennoch in einer zeitlichen Abfolge zu sehen. Es mochte ein paar Jahrhunderte her sein.

Er sah eine unwegsame, kaum bewohnte Gegend vor sich, in welcher ein Wanderer unterwegs war. Der müde Mann kam gerade zu einem einsamen Gehöft, klopfte an die Türe und ließ sich dann erschöpft auf die Bank vor dem Haus sinken. Nach einiger Zeit öffnete sich die Haustüre und eine Magd schaute heraus. Kurz bevor sie die Türe wieder zumachen wollte, sah sie den Wanderer auf der Bank sitzen. „Was wollt Ihr hier in unserer Einsamkeit?", fragte die Magd den Fremden. Der Mann stand auf und ging langsam zu ihr hin. „Habt Ihr etwas zu essen für mich? Der Marsch durch diese Einöde streckt sich länger hin, als ich dachte und mir sind meine Vorräte ausgegangen." „Wer geht schon zu Fuß durch diese Gegend, und auch noch allein?", fragte die Magd etwas vorwurfsvoll. „Ich tu so etwas", antwortete der Wanderer bescheiden. „Es wurde mir vom Schicksal auferlegt. Und ich habe mein Schicksal angenommen." Die Magd machte große Augen, erwiderte aber zunächst einmal nichts. Dann sagte sie, indem sie sich zum Gehen wandte: „Wartet hier, ich werde euch etwas Essbares herbeischaffen. Aber hereinlassen darf ich euch nicht." Damit schloss sie die Türe hinter sich zu. Der Wanderer setzte sich wieder auf die Bank und wartete, indem er den Kopf und die Hände auf den geschnitzten Knauf seines Wanderstabes stützte. Nach einer geraumen Weile kam die Magd wieder heraus. Sie hatte Brot und Käse dabei. Es reichte für viel mehr als nur für eine Mahlzeit. Der Wanderer aß mit Appetit und trank reichlich Wasser, welches die Magd für ihn aus dem

Hofbrunnen holte. Den Rest der Speisen packte er in sein Bündel. Dann begann die nicht mehr ganz junge Magd mit dem Wanderer zu kokettieren. Aber der Mann war nicht in Kokettierlaune, was ihr jedoch nichts auszumachen schien. Außerdem war der Wanderer vollkommen fremd in der Gegend und wusste nicht, was er sich einhandeln würde, wenn er sich auf einen wie auch immer gearteten Liebeshandel mit dieser ihm völlig unbekannten Frau einlassen würde. Und obwohl die beiden vollkommen alleine miteinander waren, sprang deshalb kein erotischer Funke über, so sehr die Frau auch mit dem Feuer spielte.

Endlich erhob sich der Wanderer und wollte weiterziehen. Da schaute ihm die Magd tief in die Augen und er sah eine tief traurige Seele aus ihren Augen sprechen. „Nur ungern lasse ich Euch weiterziehen", sagte sie. „Ihr seid mir in dieser kurzen Zeit sehr lieb geworden." „Ich muss weiterziehen, bis ich meinen Weg zu Ende gegangen bin", antwortete der Wanderer entschlossen. „Könnt Ihr ihn nicht hier bei mir enden lassen?", fragte die Magd, während sich ihre Augen mit Tränen füllten. Da erhob sich der Wanderer, ging auf die Frau zu und schloss sie wortlos in die Arme, ohne viel dabei zu denken. Sie ließ es widerstandslos geschehen, lehnte den Kopf an seine Schulter und begann zu weinen. Erst sacht und leise, dann immer stärker, bis schließlich ihr ganzer Körper von irrem Schluchzen geschüttelt wurde. Nach einiger Zeit beruhigte sie sich wieder.

„Kann es noch etwas sein?", hörte Andreas die Kellnerin jetzt fragen. Sie stand direkt vor ihm. „Ähm, ja… nein… es ist gut…", sagte Andreas verwirrt und schaute der Kellnerin tief in die Augen. Und da war er wieder, dieser Blick. Was sollte das jetzt? „Zahlen, bitte", sagte Andreas abrupt. „Selbstverständlich", erwiderte die Kellnerin freundlich und holte das Serviceportemonnaie aus der Schublade.

Als Andreas gezahlt hatte, ging er auf den Parkplatz hinaus. Er musste sich erst einmal orientieren, bevor er sich wieder in der Gegenwart zurechtfand. Als er im Auto saß, versuchte er erst einmal, seine Gedanken zu ordnen.

Charlott Ruth Kott

„Denn die einen sind im Dunkeln
und die andern sind im Licht
und man sieht die im Lichte
die im Dunkeln sieh man nicht. "

Bertolt Brecht

DDR–Heimerziehung – ungeliebt und ausgebeutet

Die Schwächsten in einer Gesellschaft, in einem Staat, sind immer
die Kinder. Nicht nur die Neugeborenen sollten behutsam umsorgt,
behütet und geliebt aufwachsen – zart wie ein Veilchen und stark
wie ein Baum im Wind. Viele erlebte, gehörte Geschichten fallen
mir dazu ein. Zeitgeschichten aus der DDR, die kaum bekannt und
aufgearbeitet wurden.

„Für die, deren Zeit gekommen ist, ist es nie zu spät. "

Bertolt Brecht

„Emma bei Pflegeeltern "

Das Mädchen Emma ist sieben Jahre alt, als es von der Mutter
zum Betteln auf die Dörfer geschickt wird. Unbewusst ist ihr klar,
dass sie immer die sorgende Tochter sein wird. Wenn es geht, hilft
sie bei der Hausarbeit und hat schon gelernt, Strümpfe zu stop-
fen und einfache Näharbeiten zu erledigen. Die Mutter schafft es
nicht, die Kinder alleine zu versorgen und nimmt den Vorschlag
eines kinderlosen Ehepaares an, dass Emma in den Ferien zu ihnen kommen kann. Dies erfolgt ohne Hilfe des Jugendamtes und
geht über die Schulferien hinaus. Die sogenannte Pflegemutter, sie

war eine Meisterhausfrau und hatte Mädchen im Pflichtjahr, entließ die Haushaltshilfe. Emma musste diese Arbeiten übernehmen. Sie wurde in der dortigen Schule angemeldet. Es waren nun die ersten Pflegeeltern für das Kind. Leider wurden die schulischen Leistungen immer schlechter. Sie musste am Morgen vor der Schule das Frühstück für Gäste im Haus bereiten. Das bedeutete auch Wasser zu erhitzen und in die Bade-Zimmer aller Bewohner zu bringen. Nachkriegsbedingt hielten die Pflegeeltern auch Hühner und Kaninchen im Hof und Garten, die Emma vor der Schule füttern musste. Erst als aufmerksame Nachbarn beim Jugendamt Anzeige erstatteten – sie hatten Emma bei Dunkelheit im Garten bei der Arbeit gesehen – kommt Emma zu anderen Pflegeeltern. Dort wird sie als Kindermädchen für einen Säugling gebraucht und wieder als Haushaltshilfe. Die Hausfrau ging keiner Arbeit nach. Emma war erst zehn Jahre alt und hatte oft tagelang für den Säugling Christine zu sorgen, wenn die Pflegeeltern verreist waren. Der Säugling Christine wurde einer Schaustellerin nach der Geburt weggenommen und adoptiert. Christine wurde auch später rundum verwöhnt, sie bekam ein großes Zimmer im Wohnbereich und Emma musste in der Bodenkammer schlafen und am Abend mit einer Taschenlampe nach oben gehen. In den sogenannten Dienstmädchen-Kammern gab es kein elektrisches Licht und kein Wasser. Ein kleines Dachfenster, eine Luke, durch die sie nur den Kopf herausstrecken konnte.

Am Morgen klopfte der Pflegevater lautstark an die äußere Boden-Tür. Bei Regenwetter und Gewitter fürchtete sich das Mädchen und weinte in die Kissen. Tagsüber, in der Schule, ging es ihr gut. Ihre Pflegeeltern legten auf Erledigung der Hausaufgaben großen Wert, so dass das Mädchen sehr strebsam und lernbegierig war.

Leider wurde ihr der Umgang mit der Mutter, auf Anraten der Pflegeeltern, vom Jugendamt verboten. Schule, Haushalt und Ausfahren von Christine waren jahrelang ihre Aufgaben.
Zum Treffen und Spielen mit Gleichaltrigen blieb keine Zeit. „Ungeliebt und ausgebeutet" könnte der Titel dieser Geschichte sein,

denn vom Jugendamt in der DDR hat sich keiner sehen lassen, nie mit Emma gesprochen. Nach dem Abschluss der Hauptschule wollte Emma einen Beruf erlernen und danach Publizistik studieren. Die Pflegemutter war strikt dagegen, Emma sollte als Haushaltshilfe bei ihr bleiben. Zwischen dem Ehepaar gab es deshalb heftigen Streit. Als in der Schule eine Berufsberatung stattfand, meldete Emma sich für den Beruf zur Lockführerin an. Allerdings nur aus dem Grund, um in ein Internat und weg von den Pflegeeltern zu kommen. Sie war nicht mehr das kleine schüchterne Mädchen und versuchte sich durchzusetzen. Der Pflegevater hatte Mitleid und ging mit ihr zur Berufsberatung und danach zu einer Druckereibesichtigung, wie es von der Berufsberatung empfohlen wurde. Es war ein guter Rat und sofort stand fest, dass Emma in dem Betrieb „Deutsche Graphische Werkstätten Leipzig" eine Lehre zur Schriftsetzerin beginnen und gleichzeitig die Hochschulreife erlangen könnte. Dies geschah, obwohl der Streit des Ehepaares ständig weiterging. Emma setzte sich durch und begann mit der Lehre. Nach einigen Monaten der Lehrzeit, kam Emma später als erwartet aus der Gutenbergschule nach Hause. Es war eine Woche vor Weihnachten, dem Fest der Liebe, da ging der Streit wieder los. Die Pflegemutter wollte auf die Hilfe im Haushalt nicht verzichten. Emma sollte auch die Lehrgänge an der ABF „Arbeiter und Bauernfakultät" nicht mehr besuchen. Es wurde lautstark, die Pflegemutter sagte zu ihrem Ehemann: „Entweder geht Emma aus dem Haus oder du." Daraufhin verließ Emma sofort die Wohnung und fuhr mit der Straßenbahn in die Stadtmitte zum Lehrbetrieb. Ein Glück, dass der Betriebsleiter noch im Büro war. Er nahm Emma mit zu seiner Familie. Dort waren ein Mädchen und ein Junge zu Hause, in Großsteinberg am See. Die Mutter behandelte Emma wie ihre eigenen Kinder, es war eine gute Zeit, wie es in einer Familie sein sollte.

Das wollten die ehemaligen Pflegeeltern nicht durchgehen lassen und meldeten es dem Jugendamt. Zwei Tage vor Heiligabend wurde das verschüchterte Mädchen aus dem Unterricht in der

Berufsschule geholt und in ein Heim nach Markleeberg gebracht. Am Heiligabend kam sie schließlich mit einer Nervenentzündung in die Klinik. Vierzehn Jahre alt, weder Kind noch Frau, wurde sie in die Frauenklinik eingeliefert. Nicht einmal ihre Mutter wurde informiert. In den ersten Tagen hatte sie oft geweint und im Schlaf nach einer Mutter gerufen. Das junge Mädchen mit dunkelbraunen Augen und langen mittelblonden Haaren, die zu einem Pferdeschwanz gebunden waren, wurde sofort der Liebling der Krankenschwestern. Sie verwöhnten und trösteten Emma, wenn ihre Augen wieder einmal unter Wasser standen und sie nicht schlafen konnte.

Nach der Entlassung und wieder im Heim, wurde Emma unverhofft von Beamten zu einem Verhör abgeholt. Das Verhör fand im Haus des Leipziger Rundfunks statt, es war die Arbeitsstelle des Pflegevaters, er hatte Anzeige gegen den Betriebsleiter erstattet. Dieser hätte das junge Mädchen nicht aufnehmen dürfen, er unterstellte Herrn Wilde unzulässige Handlungen und wollte seiner Frau zuliebe Emma als Haushaltshilfe behalten. Bei diesem Verhör waren nur Männer im Raum und Emma so sehr allein.

Emma schrieb schon im jugendlichen Alter Geschichten und Gedichte. Mit 16 Jahren war sie „Jugendkorrespondentin" bei der Leipziger Volkszeitung. Sie schrieb im zweiten Lehrjahr einen Artikel über einige Missstände im Betrieb mit dem Titel „Lehrlinge sind keine Kaffeeholer". Es ging um die vielen Stunden, die die Lehrlinge mit dem sogenannten „Sozialdienst" verbringen mussten. Das bedeutete zum Beispiel: Wege für Gesellen erledigen, Putzen, im HO-Laden des Betriebes für die Angestellten einkaufen, wenn es besondere Lebensmittel wie Südfrüchte oder Ölsardinen und ähnliche Waren gab, oft in den Pausen auch Kaffee und Essen verteilen. Viele Stunden der Ausbildung gingen dadurch verloren. Am Erscheinungstag der Zeitung wurde sie von allen Lehrlingen und Junggesellen mit Beifall begrüßt. Doch dann „abgeholt" und in das Büro der Betriebs-Parteileitung gebracht. Der Vorwurf lautete, sie würde mit solchen Artikeln dem Staat schaden. Gleichzeitig schlugen die Herren vor, dass sie als Anwärterin für die SED vorgesehen sei und regelmäßig zum Gespräch kommen müsste, was Emma, wenn es ging, zu vermeiden wusste. Das Wort „abgeholt", ob aus der Schule oder aus dem Heim zu einem Verhör, hatte für Emma immer einen unangenehmen Beigeschmack.

„Keinen verderben lassen, auch nicht sich selber, jeden mit Glück erfüllen, auch sich - das ist gut. "

Bertolt Brecht

„Emma im Jugendwohnheim-Völkerfreundschaft "

Es ist schon länger her, genauer gesagt, es war noch vor dem 17. Juni 1953 in der DDR. Emma wohnte inzwischen, denn lebte, könnte ich es nicht nennen, im Jugendwohnheim Völkerfreundschaft in Leipzig. Zwei Jahre zuvor hatten die Pflegeeltern das Mädchen an den Staat abgegeben. Im Heim waren Mädchen im Alter von vierzehn bis achtzehn Jahren untergebracht, um nicht zu sagen eingesperrt. Die wenigsten hatten eine Lehrstelle oder Arbeit, da ein Teil der Mädchen schwererziehbar war. Diese arbeiteten im Heim, waren für das Putzen und Wäschewaschen zuständig. Die Erziehungsmethode nach dem russischen Erzieher und Schriftsteller Makarenko „Die Guten erziehen die Schlechten", sollte wirken.

Einige der Mädchen waren ihren Eltern weggenommen wurden, um sie im sozialistischen Sinn zu erziehen. Emma war in der Ausbildung zur Schriftsetzerin in der Druckerei und ging in die Gutenbergschule in Leipzig, sie gehörte nicht zu den schwererziehbaren Mädchen. Da sie zusätzlich die ABF „Arbeiter und Bauernfakultät" besuchte, kam sie oft erst spät am Abend in das Heim zurück. Für eine Sechzehnjährige war sie viel zu mager. Sogar unternährt sagte der Betriebsarzt. Emma hatte ständig Hunger und freute sich am Abend auf eine warme Mahlzeit im Heim. Leider wurde sie allzu oft enttäuscht, denn die im Haus verbleibenden Mädchen hatten nichts übriggelassen. Die diensthabende Erzieherin sagte dann nur: „Nimm dir ein Brot und vielleicht ist ja Marmelade da." Meistens ging Emma jedoch lieber hungrig zu Bett. Unter den Mädchen gab es einige, die mit ihr fühlten. Sie verbündeten sich mit Emma gegen die anderen Bewohnerinnen und wurden gute Freundinnen, deshalb wurden sie aber auch oft gehänselt und als Streber behandelt. Unter den Heimbewohnerinnen gab es Neid und Bespitzelungen. In Emmas Lehrbetrieb „Deutsche Graphische Werkstätten Leipzig" wurde auch samstags gearbeitet. Als sie an einem dieser Samstage noch zur Mittagszeit im Heim eintraf, war sie sich sicher, eine warme Mahlzeit zu bekommen. Leider wieder einmal weit gefehlt, es war alles aufgegessen. Die Küche geputzt, die weißen Fliesen glänzten. Auch Herta, die Köchin hatte schon Feierabend gemacht.

Emmas Freundin Monika war noch dünner und hatte ebenfalls Hunger. Die Küche war durch eine halbe Holztür verschlossen und sie sahen auf dem Tisch frische Brote für das Abendessen liegen.

Das war die Lösung! Emma kletterte über die Tür, um ein Brot zu holen, während Monika aufpasste. Es war geglückt, lachend brachten sie den duftenden Schatz in das Vierbett-Zimmer. Danach rannten beide in den Garten, nicht daran denkend, dass auch Fenster Augen haben könnten. Aus der lockeren braunen Erde zogen sie frische Lauchzwiebeln heraus. Bei dem Gedanken an das frische Brot mit Zwiebeln, lief ihnen das Wasser im Munde zusammen. Übermütig rannten sie zurück in das Haus, die Treppe nach oben in das Zimmer. Monika schnitt sofort mit einem Taschenmesser dicke Scheiben vom Brot ab. Emma schnitt inzwischen die Zwiebeln, verteilte sie auf Teller und das Festmahl begann. Köstlich das frische, knusprige Bäckerbrot, sie konnten nicht genug davon bekommen, lachten und schmatzten genüsslich, als die Zimmertür brutal aufgerissen wurde. Die diensthabende Erzieherin trat ein. Sie griff nach dem restlichen Brot und befahl den Mädchen mitzukommen. Sie mussten sich in den Flur vor das Büro der Heimleitung setzen und auf die Heimleiterin warten. Diese kam erst am späten Abend. Diebstahl am Volkseigentum, Bestehlen der Mitbewohner, lautete ihr Vorwurf. Die Strafe kam sofort: Kein Abendessen, Küchendienst und am kommenden Sonntag, Toilettenreinigung im ganzen Haus. Der Toilettendienst war für Emma die härteste Strafe, lieber hätte sie noch länger gehungert. Gut, dass Monika an ihrer Seite war und auch Gisela Merlin, sie war die FDJ-Leiterin in der „Roten Schule" in Gohlis gewesen. Gisela war seit dieser Zeit Emmas beste Freundin. Sie und ihre Familie kannten die Geschehnisse im Heim. Sie schenkten Emma getragene Kleidung und luden sie oft zum Essen zu sich nach Hause ein. Gisela hatte leider wenig Zeit, die Zweiundzwanzigjährige begann das Studium der Medizin. Wenn Emma ein Notsignal schickte, kam sie sie jedoch immer im Heim besuchen. Bei einem Zusammentreffen stellte Rolf, der Verlobte von Gisela, seinen Freund Helmut vor. Dieser hatte sofort nur noch Augen für Emma. Sollte das Liebe sein? Bei Emma hielt es sich damit vorerst in Grenzen. Einen festen Freund, mit dem man ging, hatte sie noch nicht. Helmut und Rolf studierten in Dresden Medizin. Auch Gisela würde zum Jahresende nach Dresden umziehen. Eine große Freude war, als Helmut an Emma einen Brief aus Dresden schickte. Mit Herzklopfen antwortete sie, schrieb sogar ein kleines Gedicht und erwartete eine Antwort. Nun kam es darauf an, welche Erzieherin im Heim die Post annahm und an die Mädchen aushändigte. Einige der Erzieherinnen öffneten die Briefe der Mädchen. Auch das wurde als Strafe und Druckmittel benutzt. Das war Emma unangenehm und peinlich, sie stellte den Briefverkehr vorerst ein. Gisela schimpfte über diese Art von Erziehung und wurde zum Postillon d'Amour.

An einem Samstag im November lud das Freundes-Trio Emma in das Theater ein. Emmas Vorfreude war groß. Sie sagte im Heim Bescheid, dass sie nicht vor 22 Uhr zurück sein könnte. Es wurde genehmigt, jedoch keinesfalls länger, denn um 22 Uhr würden alle Türen vom Heim abgeschlossen. Mit der Straßenbahn fuhren die vier in die Stadt zum Theater. Es wurde ein ganz besonderer Abend, sie genossen das Schauspiel „Mutter Courage" von Bertolt Brecht. Im Anschluss luden die Freunde, Emma noch zum Essen in eine HO-Gaststätte ein. Wie immer hatte sie großen Hunger und dass sie zu spät in das Heim kommen würde, tangierte sie zu diesem Zeitpunkt nicht.

Eine kleine Enttäuschung, wie meistens um diese Zeit gab es nichts Warmes mehr, auch keine Bockwurst mit Kartoffelsalat, das Standartgericht in der DDR. Etwas Brot, Käse und ein Malzbier stillte den Hunger.

Helmut schenkte Emma eine Schachtel mit Pralinen – herrlich! Gisela und die beiden Männer wollten das junge Mädchen unbedingt zum Heim bringen. Die Fahrt ging mit der Straßenbahn in Richtung Wahren. Kurz vor Mitternacht fuhr diese Bahn quietschend in die Kurve zum Markt. Lachend schlitterten die Freunde eine schneebe-deckte Straße bis zum Mädchenwohnheim. Emma genoss es, von Helmut aufgefangen zu werden, wenn sie auf der vereisten Straße ins Rutschen kam. Endlich waren sie am Heim angekommen. Das Haus war eingezäunt, der Wachhund drehte seine Runden und fing an zu kläffen, als sie am Tor rüttelten. Im Haus war es dunkel, auch auf mehrfaches Klingeln bewegte sich nichts. Daraufhin machte Rolf den Vorschlag, zur nächsten Telefonzelle zu gehen und im Heim anzurufen. Er ging mit Gisela, und Emma blieb mit Helmut am Zaun stehen. Plötzlich fing Emma an zu zittern, nicht nur von der Kälte, sondern auch aus Angst, nicht hineingelassen zu werden. Rolf und Gisela hatten Erfolg, als sie zurückkamen ging das Licht im Haus an. „Bist du still", schrie die Erzieherin den Hund an. Sie schloss das Eisentor auf, ließ Emmas Freunde, die das Zuspätkom-men entschuldigen wollten, nicht zu Wort kommen. Frau Falken-berg zerrte Emma am Arm über den ganzen Hof und sagte: „Sie werden dich richten, deine Mitbewohnerinnen" und schubste die zitternde Emma in das Haus. Mit der Androhung, sie werden dich richten, hatte sie recht, denn die Mitbewohnerinnen hatten schon reagiert. Die Mädchen teilten sich zu viert ein Zimmer und hatten Emmas Bett auf den Treppenabsatz der ersten Etage gestellt. Ein Stuhl stand daneben. Auf der blau karierten Bettdecke lag ein großer Zettel: Such dir ein anderes Zimmer, wenn dich jemand will! Wegen dir bekommen wir nur schlechte Punkte und niemals den „Wimpel für das beste Zimmer". So wie im Lehrbetrieb und in der Schule, gab es im Heim einen Wimpel als Auszeichnung der „Besten". Das und andere Methoden, stellten die Erziehung im Heim dar. Emma wurde es kalt und kälter, es zog durch die Ritzen des Fensterrahmens und durch die undichte, klapperige Haustür. Die Bettdecke war ebenso viel zu dünn. Der Steinfußboden im Treppenhaus strahlte Kälte aus. So legte sie sich mit ihrem einzigen Ausgehkleid in das Bett. Dabei fielen ihr die Pralinen ein. Sie waren nur süß und ohne Schokolade, Fondant nannte sich das Konfekt. Alle Pralinen wurden nun sofort aufgegessen, dadurch wurde es Emma wärmer. Am nächsten Morgen, es war Sonntag, musste sie wie alle Mädchen, auf den Hof zum Fahnenappell. Die Vergehen der letzten Woche wurden verlesen, danach die Strafen. Die bestraften Mädchen mussten am Fahnenmast, den sie Marterpfahl nannten, Aufstellung nehmen. Am Ende der Zeremonie gelobten diese im Chor Besserung. Wegen der zu späten Rückkehr vom Theater bekam Emma einen Monat Ausgangssperre an den Wochenenden. Das machte ihr nicht viel aus, denn sie wusste sowieso nicht, wohin sie gehen sollte und wollte immer gern lesen. Die Freundin Gisela hatte durch ihr Studium kaum Zeit, andere Besucher gab es nicht. An solchen Wochenenden las Emma den Mädchen, die ebenfalls Ausgangssperre hatten, ihre ersten geschriebenen Geschichten und Gedichte vor. Sie fanden das immer toll und so schön traurig, wenn es von der Kindheit handelte. Schlimm war nur, dass die Mädchen aus Emmas Zimmer Abend für Abend das Bett in das Treppenhaus schoben. Schon nach wenigen Nächten hatte sie eine Erkältung mit hohem Fieber. Endlich schaltete sich die Heimleiterin ein und das erkrankte Mädchen konnte wieder im Vierbettzimmer schlafen.

Die Heimerzieherinnen waren zum Teil älter und schon in der NS-Zeit im Heim tätig gewesen. Sie waren wohl mit sich selbst nicht zufrieden, sehr streng und verhängten Strafen jeder Art. Auch Schläge gab es, die man im Nachhinein nicht beweisen konnte.

Bei einer Meldung an die Heimleitung bekam man im Gegenzug dafür noch das Taschengeld gesperrt. Christel Müller, die jüngste Erzieherin im Heim, war erst 18 Jahre alt und hatte mehr Verständnis für die Mädels. Eine Ausnahme war Frau Werner, die Lieblingserzieherin der Mädchen. Sie war immer für Emma zu sprechen. Sie musste sich von ihrem Mann scheiden lassen, da er seit Kriegsende in Westdeutschland lebte. Westkontakte waren in der DDR verboten. Giselas Vater lebte in Westberlin, sie hatte es Emma im Vertrauen erzählt, als er ihr einen wunderbaren Stoff für das Verlobungskleid geschickt hatte. Auch das musste geheim bleiben, um ihr Studium nicht zu gefährden. Im Lehrbetrieb und in der Berufsschule fühlte Emma sich trotz einiger Zwänge wohl. Alle Lehrlinge, weibliche und männliche waren noch vor Antritt der Lehrzeit in die FDJ „Freie Deutsche Jugend" eigetreten und mussten an vielen Veranstaltungen und Demos des Betriebes, zum Beispiel immer am „Ersten Mai" teilnehmen. Emma musste mit allen Schülern der Klasse aus der Berufsschule, am „Arbeitseinsatz" zum Bau des Schwimmstadions in Leipzig mithelfen. Das war schwere Arbeit mit Hacke und Spaten. Sich irgendwie zu verdrücken, das ging nicht, die Teilnahme wurde dokumentiert.

Schöne Wochenenden verbrachten die Schriftsetzer-Lehrlinge des Betriebes einige Male im Jahr in Großsteinberg am See. Der Betrieb hatte dort ein Ferienhaus. Ohne Aufgaben ging es auch da nicht. Es musste ein Buch über den Sozialismus, Marx, Engels oder von anderen Autoren der Gegenwart gelesen werden. Damit es nicht jeder lesen musste, losten die Lehrlinge aus, wer lesen und wer berichten sollte. Das blieb natürlich geheim. Vor der Rückreise nach Leipzig diktierten die Leser den Inhalt des Buches für alle, denn zurück im Betrieb gab es eine Buchbesprechung. Abends machten die jungen Menschen ein Lagerfeuer am See und sangen schwermütige, russische Volkslieder. Emma sang auf das Bitten der anderen vor und alle summten Arm in Arm die Melodien mit. Diese gemeinsamen Wochenend-Aufenthalte waren ein Lichtblick im Jugendleben der Schriftsetzer-Lehrlinge, unvergesslich für Emma.

„Das kleine Haus unter Bäumen am See. Vom Dach steigt Rauch. Fehlt er – Wie trostlos dann wären Haus, Bäume und See."

Bertolt Brecht

Im Heim wurden die Zustände und Schikanen immer schlimmer. Nach einem Gespräch über die Zustände, half Frau Werner, Emma den Aufenthaltsort der Mutter zu finden und einen Antrag an das Jugendamt zu stellen, dass Emma wieder zu ihrer Mutter wollte. Es dauerte und dauerte. Erst nach Wochen wurde das Mädchen Emma in das Büro der Heimleitung bestellt. Ein älterer, streng aussehender Mann, sicher vom Jugendamt, den sie noch nie gesehen hatte, befahl ihr sich zu setzen und übergab ihr einen geöffneten Brief. „Vorlesen!", sagte er barsch. Im Brief stand, dass Emma nicht bei der Mutter leben könnte. Sie müsste dort im Garten und Haus helfen, könnte dadurch die Lehre und Schule nicht besuchen, würde außerdem nicht im „sozialistischem Sinn" erzogen werden. Diesen Brief musste sie sofort wieder zurückgeben, es gab keine Möglichkeit die Angelegenheit überprüfen zu lassen oder im Lehrbetrieb Hilfe zu holen. Längere Zeit hat Emma es nicht glauben wollen, sie dachte, dass die Mutter sie nicht haben wollte.

„Alles wandelt sich. Neu beginnen, kannst du mit dem letzten Atemzug. Aber was geschehen ist, ist geschehen."

Bertolt Brecht

Endlich – nach dem 17. Juni 1953 gab es ein Happyend. Die Erzieherin Frau Werner und Helmut, der Medizinstudent aus Dresden, verhalfen Emma aus dem Heim zu entkommen und weiter zur Flucht nach Westdeutschland.

Anmerkung zum Text: Die Namen der Personen sind geändert oder rein zufällig.

Renata K. Langner

Felix der Glückliche

Ungeduldig sah er sich um, er war noch immer irgendwie neben der Spur. Was da eben geschah, machte ihn froh, obwohl die damit verbundene Situation ihm fremd war. Es fehlte ihm diesbezueglich an Erfahrung. Schnell eilte er über den grossangelegten, menschenleeren Park, tauchte ein in die beginnende Dämmerung, um dass Erlebte einigermaßen zu realisieren. Fernab vom Trubel suchte er eine Bank. Er wollte alleine sein. Morgen war sein Geburtstag, nichts hatte sich seit dem letzten Jahr geändert. Sein vierzigster Geburtstag stand bevor, er wohnte noch bei seiner Mutter und hatte noch nie ein Rendevous gehabt! Gerade als er aus dem Büro eilte, um Mutters Einkäufe zu erledigen, drehte sich tatsächlich eine Frau nach ihm um.

Was war heute anders als sonst, wirkte er plötzlich auf Frauen? Wie konnte es sein? Mutter hatte den Glauben, dass sich da noch etwas ändern würde längst aufgegeben. Sätze, wie: „Wenn du so weitermachst, findest du nie mehr eine Freundin und wirst für immer bei mir wohnen!", fielen manchmal.

Wobei sie nicht ganz unschuldig war. Ständig belehrte und bevormundete sie ihn. Eigentlich bedeutete sein Name Felix „Der Glückliche". Was für ein schöner Name, dachte er, aber glücklich? Nein, glücklich war er nicht! Zufrieden, ja. Leise schloss er die Wohnungstür auf. Mutter war noch wach und rief ihm vom Wohnzimmer aus entgegen.

„Felix, wo warst du so lange?"

„Es war heute viel los im Büro, da wollte ich ein wenig abschalten und spazierte eine Runde durch den Park!"

„Ach wie schön Felix, pass aber auf, es wird doch wieder früher dunkel. Dein Essen steht in der Küche, bleib aber nicht mehr zu lange wach!"

„Nein Mutter, natürlich nicht."

Als er im Bett lag, konnte er lange nicht einschlafen. Immer und immer wieder musste er an die Frau denken, die an ihm vorbei gegangen war und sich nach ihm umgedreht hatte. Irgendwie glaubte er, sie hätte ihn angelächelt! Oder, hatte er sich alles nur eingebildet? Sicher war er sich jedoch nicht. Nachdem er sich diese Szene einige Male vorgestellt hatte, schlief er endlich ein.

Felix wachte sehr früh auf und fühlte sich unausgeschlafen. Auch der Gedanke an seinen Geburtstag machte es nicht besser. Am Frühstückstisch wartete Mutter, um ihm zu gratulieren. Sie überreichte ihm ein kleines, in hübsches Blumenpapier gepacktes Geschenk. Nachdem sie darauf bestand, er solle es gleich auspacken, tat er es. Zum Vorschein kam eine hellblau-bordeauxrot gestreifte Krawatte. Normalerweise war das nicht sein Geschmack, aber um Mutter nicht zu kränken, trug er Jahr für Jahr die Schlipse auf, die sie für ihn ausgesucht hatte. Irritiert legte er schnell die kleine Schachtel auf den Tisch zurück. Plötzlich musste er an die fremde Frau von gestern denken, die lächelnd an ihm vorbei ging. Merkwürdig – sie trug ein kleines Tuch um den Hals, fast in den gleichen Farben! Hellblau und bordeaux. Schnell verließ er den Frühstückstisch, musste Mutter versprechen pünktlich beim Italiener um die Ecke zu erscheinen. Jahr für Jahr feierten sie ihre Geburtstage dort. Da beide die italienische Küche bevorzugten, war dies immer eine willkommene Abwechslung. Was ihn jedoch dieses Mal stutzig machte, war ihre übertriebene Ankündigung einer Überraschung für den heutigen Abend. Was konnte es wohl sein? Er kannte Mutters Überraschungen, die nicht immer für große Freude bei ihm sorgten.

Kurz vor Dienstschluss überraschten ihn seine Kollegen mit einigen Flaschen Prosecco, die sie längst im Kühlschrank kalt gestellt hatten. Felix war verwundert, denn damit hatten er nicht gerechnet.

Auch aus anderen Abteilungen kamen einige angeeilt, um mit ihm auf seinen Vierzigsten anzustoßen! Trotz allem war er froh, als die Runde sich leerte und er sich endlich auf den Weg zum Park machen konnte. Schließlich auf der Straße angelangt, blickte er neugierig nach rechts und links. Weit und breit keine Frau, die lächelnd an ihm vorbeiging. Es war wie immer, dachte er traurig.

Der Spaziergang tat ihm gut, machte den Kopf frei und brachte ihn auf andere Gedanken. Ein bisschen neugierig war er nun geworden, nachdem Mutter ständig betont hatte, eine besondere Überraschung für ihn zu haben.

Je näher er dem Lokal kam, umso stärker machte sich ein flaues Gefühl in seinem Magen breit.

Als er nahe genug an das Restaurant gekommen war, sah er durch die erleuchteten Fenster Mutter gegenüber einer Frau sitzen. Wer war diese Frau? Als er sie erkannt hatte, wollte er sofort Kehrtwende machen. Doch, es war zu spät. Mutter hatte ihn durchs Fenster kommen sehen und war schnell zum Eingang geeilt.

„Felix, denk mal, ich konnte Susanne überreden, mit uns deinen Geburtstag zu feiern! Du freust dich doch?"

Und wie, dachte Felix. Froh war er, es nur gedacht und nicht laut ausgesprochen zu haben. Gerade Susanne, die Nachbarin vom Nebenhaus musste es sein. Er kannte sie flüchtig, sie war aber überhaupt nicht sein Typ. Und überreden musste Mutter sie auch noch, wie gnädig! Lieber würde er weitere Jahre allein bleiben. Freundlich begrüßte er Susanne und nahm neben ihr Platz. Mutter war raffiniert und hatte so reserviert, dass sie beide nebeneinander saßen! Sie prosteten sie sich zu, anschließend begann eine zähe Unterhaltung. Da Felix ständig an die Frau denken musste, mit der er jetzt lieber hier wäre, konnte er sich kaum auf das Gespräch konzentrieren.

Aber warum sollte er schon mal Glück haben? Es hatte den Anschein, er war dieser Frau, die ihn überhaupt nicht interessierte, schon fast versprochen worden. Mutter hatte, ohne ihn zu fragen, Susanne für das kommende Wochenende zum Kaffeetrinken eingeladen. Da würde er auch noch ein Wörtchen mitzureden haben! Da er sich fürchterlich langweilte, täuschte er Kopfschmerzen vor und verabschiedete sich. Leichter Wind wehte ihm entgegen, als er das Restaurant verließ.

„Oh, wie erfrischend", dachte er.

Mit schnellen Schritten eilte er nach Hause. Plötzlich blieb er stehen, bückte sich und hob etwas auf, das im leichten Wind an ihm vorbei geflattert war. Im Schein der Straßenbeleuchtung sah er, dass dass es sich um ein winziges Tuch handelte.

Erstaunt stellte er fest, dass es das hellblau-bordeaux farbene Halstuch dieser fremden Frau war. Vorsichtig hielt er es in seinen Händen und drückte es fest an sich. Langsam näherte er sich dem Wartehäuschen einer Bussstation. Dort wollte er sich kurz setzen und diesen Moment genießen. Noch immer hielt er das Tuch fest in beiden Händen. Dass da schon jemand neben ihm saß, bemerkte er erst, als ihn ein leises: „Hallo, sie haben mein Tuch gefunden? Wie schön!", aus seinen Gedanken riss. Sprachlos bemerkte er neben sich die Frau, die ihm nicht mehr aus seinen Gedanken ging. Das Glück war tatsächlich noch zu ihm gekommen, als ein wunderbares Geburtstagsgeschenk!

Auch Jahre später lächelte sie geheimnisvoll, als er sie fragte, wie es denn kommen konnte, dass sie ihr Halstuch verlor...

Sylvia J. Lotz

Ich habe es erlebt

In meiner Kindheit
bin ich mit meinen Eltern
in die Heimat
der Mutter zurückgekehrt
Familiengemeinschaft
gilt da viel
und immer wieder
setzt man sich da
ein gemeinsames Ziel,
Ob zusammen die Arbeit
oder auch Planung der Feste
alle geben dann
stehts das beste
Tischdecken werden da
noch selbst gestrickt
und gehäkelte Kerzenhalter
bringen sie mit
Kuchen, Plätzchen
und noch viel mehr
und Kinder kommen beim backen
selbstverständlich daher
Blumenkränze selbstgemacht
täglich Neues wird erdacht
Tanten, Omas
alle da
Dies ist dort
ihre reale Welt
und bleibt dort noch wahr

Lachen und Weinen
gehören dort dazu
und die Zeit
verfliegt dort im Nu
Kurz danach zurückgekehrt
war mir jeder Tag was Wert
Damals war ich
noch ein Kind
die vielen Namen derer
verflogen für mich
wie im Wind
Wichtig bleibt
diese Zeit
war wirklich schön
so gibt man später weiter
was man selbst hat gesehen
Gottesschutz
bewegt dort die Leute
ich denk oft daran
als passiert das gerade heute

Christine Pauly

Beisammensein

Als wir da zusammensaßen
wir Freunde und bei Nacht,
spielte ich auf der Gitarre
klimperte ganz sacht.

Aus den Tönen, die entstiegen,
bunt wie Perlen aufgereiht,
entstand ein Lied, das alle kannten.
Und wir schwiegen lange Zeit.

Die Melodie, die da verklungen,
hat uns oft ein Freund gesungen.
Verwirrt spielt' ich den letzten Ton,
der erstarb im Klingen schon.

Birgit Plutz

Modernes Leben

Lebenstage
Lebensnächte.
Der Schlaf
digital gestört.
Müde bei der Arbeit.
Urlaub beginnt
mit Ärger.
Kilometerweit im Stau
Erholung nicht in Sicht.
Vielleicht wäre
der Wald vor der Stadt
der bessere Weg.

Stolpersteine

Die Jahre werden
müde und hektisch
zugleich.
Das fließende Leben
holpert
über Stolpersteine.
Zeitung lesen
Marathonlauf
der Unglücksmeldungen.
Digital vernetzt
und doch allein.
Nachbars Katze
kommuniziert
noch echt.

Fremdbestimmung

Ich sitze da
und denke.
Oder werde ich gedacht?
Gesteuert von Werbespots
Beobachtet
beim Einkauf.
Wieviel Wert erbringe ich
wirtschaftlich
den Unternehmen?
Ein Lächeln für
das Personal
ist sicher
eine gute Investition.

Kreativität

Dichten am Tag
im Sonnenschein?
Fließt Sprache
kreativer
im Dunkel der Nacht
oder in der Dämmerung
Zwischenlicht?
Tagessprache – Nachtsprache
alles hat
seine besondere Zeit.
Die Musen kommen überraschend
und ohne Anmeldung vorbei.

Peter Polczyk

„Unlängst..."

(Teilweise ungelöste Mysterien, rund um die Geschichte der Menschheit)

Unlängst. also im Frühjahr diesen Jahres, genauer, im April 2019, anno domini, erfuhr ich von der Ausschreibung eines Verlages, einer Ausschreibung zum Thema Geschichte der Menschheit. In der Ausschreibung im Internet wurde gesagt, dass alsbald, per Nachricht im Netz, die genaueren Modalitäten zur Behandlung des Themas mitgeteilt würden. So erklärte ich am 13.04.2019 meine Teilnahme an dieser Ausschreibung. Geduldig wartete ich dann auf die aversierte Erläuterung, denn die Geschichte der Menschheit kann man auf verschiedenen Wegen behandeln, wie der Archäologie, der Medizin, der Religion, sowie der Biologie und der allgemeinen Historie, eingebettet in die Evolutionsgeschichte, in der Weltgeschichte. Da die angekündigte Erläuterung nicht kam, habe ich mich entschlossen, wie ja auch von mir schriftlich erklärt worden war, dieses Thema ganz allgemein zu behandeln. Dabei kamen mir Fragen rund um die Menschheit in den Sinn, die ich schon immer gestellt hatte, aber die mystische Geheimnisse beinhalten und deren Erklärungen nicht zutreffend sein konnten, so man versuchte, mich damit abzuspeisen.

Die Fragen, die ich im Kontext zur Menschheitsgeschichte behandeln möchte, sind seltsam und haben uns Menschen schon immer gequält.

In diesen Rahmen passt zunächst die Behauptung, dass unsere Erde eine Scheibe sei. Das war also lange Zeit der Lebensraum der Menschheit. Das haben Generationen von Menschen fest geglaubt. Deshalb fürchteten sie auch lange, dass man vom Rand dieser

Scheibe ins Bodenlose stürzen könne. Doch diese Überlegung war nicht die wichtigste Menschheitsfrage, Vermutlich fragten sich die „ersten Menschen": „Was ist das Leben?"

Professor Dr. Hugo Kükelhaus, der auch einmal in Münster lehrte, sagte zu dieser Frage: „Leben ist nichts anderes als Schwingung!"

Ich selbst habe Herrn Professor Dr. Hugo Kückelhaus nie persönlich kennengelernt, aber mir sind seine Lektionen im damaligen Schulfernsehen noch gut erinnerlich. Er propagierte, dass die Natur „gelungene Lösungen" immer wieder übernommen hat. Das war einfacher, als dass die Natur stets neue Lösungen suchen müsse. Die Natur variierte alleine mit den Größen. Als Beispiel sei gesagt, dass die Natur bei der Ausbildung von Buchten (Front zwischen Wasser und Erde) immer nach demselbem Muster eine Lösung entwickelt hat. Anders gesagt, was es im Großen gibt, gibt es auch im Kleinen. Doch Herr Kückelhaus schränkte ein, das dies nur in denselben „Initialräumen" passiert. Das heißt: Verläßt man diesen Raum, so ändern sich diese gefundenen und benutzten Lösungen.

Die nächste Frage wäre logischerweise: „Was ist der Tod?" Nun, das war einfach. „Tod ist die Abwesenheit von Leben!"

Wenn diese Theorie zutreffend ist, dann erkennt man Leben an seiner Bewegung, wie auch Wärme und Lärm, während der Tod Stillstand, wie Kälte und Stille wiederspiegelt.

Was ist denn nun der Sinn des Lebens?

Es scheint so, als suche die Natur Bausteine des Seins geordnet zu sammeln. Das sollte ich jetzt besser erklären. Die Natur hat den Metabolismus erfunden. Unter Metabolismus versteht man den Stoffwechsel bei der Nahrungsaufnahme. Daraus ist abzuleiten: In einem flüssigen Medium (oft Wasser) sind „frei schwebende" oder in verschiedenen Verbindungen vorkommende Moleküle vorhanden. Mittels des Metabolismus brechen die Lebensbausteine diese Verbindungen auf und sie lagern diese in ihren eigenen Strukturen neu ein. Es entstehen derart neue „Ketten" und der Organismus „wächst". Das braucht seine Zeit und ist nicht ewig durchführbar. Irgendwann hat die neu entstandene Verbindung ihre maximale Größe erreicht. Als Beispiel kommen mir Millionen von Samen, Sporen und Eier „frei schwebend", in den Sinn. Millionenfach schwärmen diese Körper durch ihr Medium und landen vielleicht auf einen günstigen Platz, wo sie neue Lebewesen „ansiedeln" können. Jetzt kommt ein spezielles Auswahlsystem zur Anwendung.

Denn: **Alles, was passiert, geschieht nur dann, wenn alle anderen negativen Faktoren nicht passieren.**

Da schlüpfen zum Beispiel viele kleine Baby-Schildkröten, aber auf dem Weg zum Meer werden viele von ihnen durch andere Organismen gefressen. Oder ein anderes Beispiel sei der keimende Samen, der wächst und wächst bis eine dumme Ziege daher kommt und dies zarte Pflänzlein frißt. So endet der Versuch dieses botanischen Lebens.

Hier greifen die zahlreichen Vorkommnisse in den Ablauf ein. Anders gesagt, ich kann zum Beispiel sagen, dass wir uns Morgen früh, um 07:00 Uhr (z.B.) treffen wollen, aber das wird nur dann geschehen, wenn andere Dinge eben nicht passieren. Ich könnte nämlich vorher sterben oder Opfer einer Katastrophe werden, oder dir könnte auch etwas Schlimmes passieren. Weil es meistens klappt, glauben wir, dass wir alle Entscheidungen des Lebens selbst treffen. Doch nun erkennen wir, dass dies nicht so ist. Die Wissenschaft kennt dafür einen Begriff, nämlich, den Determinismus, also die Unfreiheit.

An dieser Stelle möchte ich einmal hervorheben, dass es so gesehen keine feste Reihenfolge in der Abhandlung der Menschheitsgeschichte gibt.

Doch jetzt zu einem neuen Aspekt.

Bis vor kurzem glaubte ich an den Dualismus des Lebens und zwar in Körper und Geist. Hier zeigt es sich, dass beide – Körper und auch Geist – eigenständig sich bewegen können. In der allgemeinen Vorstellung sah ich bislang, dass mit Verschmelzung von Ei- und Samenzelle, ein neuer Organismus (hier Mensch) entsteht.

Das ist fast richtig!

Durch die genannte Verschmelzung entsteht die X-Menge von Körperzellen. Aber doppelt so viele Zellen sind eingebettet, wie Viren, Bakterien, Pilze oder andere (z.B. Amöben). Alle Organismen, so auch der Mensch, brauchen diese Körperchen, da sie gewisse Funktionen im Organismus übernehmen, die die eigenen Zellen nicht schaffen. So brauchen wir (alleine für den Metabolismus z.b.) „Helfer" im Darm, um Nahrungsstränge aufzuspalten, damit wir die Teile davon im eigenen Körper einbinden können.

Hiermit wurden einige „Grundvoraussetzungen" zum Leben, also auch der Menschen, bearbeitet. Ich glaube, ich habe die Komplexität des Themas grob angerissen.

Ich gebe dabei nur einige Denkimpulse und beanspruche keinen Anspruch auf Vollständigkeit.

Doch zurück zum Determinismus.

Überlegung: Wir glauben zu wissen, dass wir , als Menschen, über einen freien Willen verfügen. Das ist schwer zu verstehen, wenn die Mehrzahl in unserem Körper vorkommenden Zellen etwas anderes sind, nämlich, wie erwähnt, Viren, Bakterien und andere Kleinzellen. Von einigen Viren zum Beispiel wissen wir, dass sie die Gehirne ihrer „Wirte" befallen und seltsame Verhalten auslösen. Wir kennen da z.B. diese Schnecken, die bei Viren-Befall dazu neigen, dass sich die Fühler der Schnecke aufplustern und quasi wie große Reklametafeln Botschaften (pulsierend) ausstoßen. Die Viren haben die Kontrolle über das gesamte Schneckentier übernommen. Die Schnecke kriecht auf die Spitzen von Grashalmen und seine

Fühler „blinken". Dieser pulsierende Effekt führt dazu, dass z.B. eine Kuh aufmerksam wird und die Schnecke frißt. Diese Viren haben damit ihr „Ziel" erreicht, nämlich, in einen neuen Wirt wechseln zu können.

Anders gefragt: Erkennen Sie die Aussage (von anderen oder sich selbst) „Das habe ich aus dem Bauch heraus entschieden." Das scheint ja durchaus geradezu richtig beschrieben zu sein.

Urteilen Sie nun bitte eigenständig: Haben Sie nun selbst entschieden, oder wurden Sie bestimmt?

An dieser Stelle ändere ich diese Beschreibung, da bis hierhin allein die grundsätzliche Frage zum Leben behandelt wird. Doch die Grundfrage war ja nun die Geschichte der Menschheit. Vorab jedoch sei gesagt: Zu einem geschichtlichen Ablauf gehören besondere Vorfälle, aber auch die Entwicklungsdauer. Die Dauer der Menschheitsentwicklung wird z.B. mit ca. 300.000 Jahren angenommen. Eine zentrale Rolle spielt die „Out of Afrika Theorie". Demnach tummelten sich die ersten Menschen alleine in Afrika, von wo aus sie vor ca. 60.000 Jahren aufbrachen und die gesamte Welt von dort besiedelten.

Hierzu nenne ich als Denkanstoß, dass man im westlichen Teil von Australien ein Skelett einer Frau fand. Messungen ergaben, dass sie vor 1 Million Jahren starb – das heißt, sie kam in Australien an und starb, bevor sie in Afrika „aufgebrochen" war. Seltsam, doch in der Biologie kennt man das Phänomen von „kovalenter Entwicklungen". Es könnte also sein, dass es Menschen auf anderen Kontinenten auch schon gab?

Ein anderer Aspekt ist die Tatsache, dass die Natur bekanntlich erprobte Formen übernimmt und nichts Neues erfindet. So kennen wir die Therie vom Welten-Ei. Viele Völker kennen diese Annahme und in ihren Bildern und Reliefen findet man Darstellungen vom Ei. Dazu kennen einige Völker auch neun Gottheiten. Die Neun-Götter-Theorie ist auch wie die Welten-Ei-Theorie bei den Völkern unserer Erde weit verbreitet.

143

Weil wir gerade bei den Göttern sind, so will ich erklären, dass ich mich nicht über religiöse Weltanschauungen lustig machen möchte. Aber um gleich auf einen neuen Aspekt hinzuweisen, nämlich die schwarzen Löcher, im Weltall, so habe ich einmal gehört, dass Gott als kleiner Gnom mit langem, weißen Bart auf allen Vieren in einem schwarzen Loch herumirrt, wobei er mit einer kleinen Taschenlampe rumleuchtet, um eine durchgebrannte Sicherung zu finden.

Ja, ja – schwarze Löcher.

Dieser Gedanke soll ein Gedankenkonstrukt von Albert Einstein sein.

So postuliete er ja auch: Nichts ist ja bekanntlich schneller als das Licht. Nun – wie kann dann ausgehend von einer Singularität ein Universum mit fantastisch großer Ausdehnung in solch geringer Zeit, wie angegeben wird, entstanden sein?

Dazu habe ich mir ein Gedankenspiel vorgestellt. Wenn man einen Silvesterknaller zur Explosion bringt, dann fliegt alles konzentrisch auseinander. Im All erkennt man aber eine gewölbte Spirale und da fliegen die Teile umeinander herum. Einige werden schneller, biegen dann ab und werden wieder langsamer, um dann erneut zu rotieren und zu beschleunigen.

Meine Erkenntnis: Das kann ein Explosionskörper eben nicht, so meine Beobachtung.

Und so betrachtete ich in der Vergangenheit diese schwarzen Löcher genauer. Dazu kam mir nach langer Überlegung das System der „Interzellulare" aus meinem Biologie-Studium ins Gedächtnis, Das kenne ich also aus der Biologie. Bei Pflanzen vor allem kennen wir diese „Löcher" durch die eine Zelle ihre Abfallprodukte entsorgen kann. Mittels Vakuolen (quasi kleine Loren) verbringen die Zellen alle jene Teile, die sie nicht mehr brauchen. Und auch sonst gibt es hier einen „Waren-Austausch" zwischen den einzelnen benachbarten Zellstrukturen. Diese schwarzen Löcher sollen nach den bekannten Berechnungen derart massereich sein, dass selbst Licht ihnen nicht entkommen kann. Doch hier auf der Erde gibt es vergleichbare Fälle. Fährt man mit einem Boot auf einen Wasserfall zu, dann verschwindet die Sicht auf das Boot, wenn dieses über die Kante, vergleichbar dem sog. Ereignishorizont, stürzt. Mit anderen Worten, aber im selben Sinn, das abstürzende Boot verändert nicht seine Eigenschaften, es kommt nur die „Sturz-Energie" hinzu. Und sehen können wir nichts, weil das Boot den „Initialraum" See oder Fluss verlassen hat. Es befindet sich nun im Raum des Fallens, wo man es durchaus noch sehen könnte, wenn man sich selbst im selben Initialraum (Ram des Stürzens) befindet.

Was wäre also, wenn die schwarzen Löcher solch ähnliche Transportmöglichkeiten des Alls sind, denn dann können sich die einzelnen Universen durchaus von hier aus ausgedehnt haben und sind nicht, wie man uns weis machen möchte, alleine aus einer einzigen Singularität ausgegangen. Der Nobelpreisträger, Dr. Werner Heisenberg, hatte versucht, dazu Berechnungen anzustellen, doch waren seine Ergebnisse nicht mit dem Original in Einklang zu bringen. Man passte daher dann die Ergebnisse den Gegebenheiten an und so entstanden die Welten der Quarks und der Theorie der Schleifen, also die „String-Theorie".

Doch die Berechnungen gehen immer noch nicht auf.

Nun – ich bin kein Nobelpreisträger. Habe aber durch die Theorien von Prof. Dr. Hugo Kückelhaus erfahren, dass sich hier grobe Fehler eingeschlichen hatten. Dr. Heisenberg geht in seinen Berechnungen nämlich davon aus, dass das All leer ist. Eine solche Prämisse vorausgesetzt: Dann passen die Berechnungen wieder. Doch heute wissen wir, dass das All eben nicht leer ist, sondern ein Großteil aus so genannter dunklen Materie besteht, einem Fluidum, das wir nicht sehen können. Dass das All nicht leer sein kann, beweist uns allein schon ein ähnlicher Versuch auf der Erde. Ziehen wir beispielsweise den Stöpsel einer Badewanne, dann bildet sich ein Strudel. Diese Spiralbildung betrachten wir auch im Weltraum und offensichtlich prallen hier Materie und unsichtbare dunkle Materie aufeinander und eine Spirale entsteht. Eine Spiralbildung gibt es physikalisch nämlich immer dann zu sehen, wenn zwei gegenläufige Strömungen aufeinander prallen. So können die schwarzen Löcher zu „Abkürzungen" geführt haben. Wenn also alles von nur einer Singularität ausgegangen sein soll, wie ist es dann möglich, dass die Milchstraße und Andromeda aufeinander zuknallen. Gäbe es nur ein schwarzes Loch,so müssten sie sich „verfolgen".

Hierzu kommt mir spontan zudem noch der Doppelspalt-Versuch in den Sinn, den wir auch als den „Doppler-Effekt" kennen.

Und der geht so: Ein helles Licht lassen wir auf einen festen Karton scheinen, in den wir zwei freie Löcher eingeschnitten haben. Betrachtet man dazu eine Wand hinter diesem Karton, so ist festzustellen, dass das Licht ein Interferenz-Schattenmuster ausbildet. Betrachtet man dagegen einzelne Strahlen gezielt, so grenzen sich die Schatten sodann dazu exakt scharf ab.

Anders gesagt: Nur wenn man gezielt beobachtet, kommen solche Ergebnisse zustande. Also was stimmt denn nun?

Offensichtlich entstehen die Ergebnisse nur bei uns im Kopf. Neuerdings gibt es eine Theorie, welche besagt, dass die Universen bloß Hologramme sind. Dann gibt es uns nicht wirklich, sonden wir sind Teil einer Super-Projektion.

Ach übrigens.... bevor ich es vergesse: Bei der Hologrammtheorie passen wieder die vorhin genannten Rechenergbnisse mit der uns scheinbar bekannten Realität überein.

An dieser Stelle breche ich die einzelnen Aspekte der „allgemeinen Lebensbeschreibung" ab. Das ist zwar nicht alles umfassend, aber die Komplexität des Themas ist meiner Ansicht nach, hinreichend angerissen.

So was verstehen wir also unter Leben, außer dass es Schwingung sein soll (so Prof. Dr. Hugo Kückehaus). Leben, so wie wir glauben, es zu kennen, besteht aus Kohlenstoff bestimmter Verbindungen. Kohlenstoff ist ein Element, welches ring- und kettenförmige Vebindungen erzeugen kann. Doch Leben scheint noch vielfältiger zu sein. Einen wesentlichen Aspekt spielt hier offensichtlich der Sauerstoff.

In der Natur kennen wir am Beispiel Sand, aerobe und anaerobe Verbindungen. So ist der helle leuchtende Sand die aerobe (Sauerstoff bezogene) Partie, doch wenn man mit einem Spaten etwas gräbt, dann wird der Sand dunkel, stinkt etwas faulig und wird ölig Das ist die anaerobe (ohne Sauerstoff) Region des Sandbodens. Doch das ist nicht alles. Es gibt dann noch lebende Organismen, die tief im Gestein vorkommen. Das sind die Litophagen und diese benötigen kein Licht. Betrachten wir nun das Elementen-Perioden-System, so finden wir unmittelbar unter dem Kohlenstoff das Silizium. Auch dieses Element vermag ringförmige Verbindungen herzustellen. Also gibt es vielleicht siliziumgeprägtes Leben?

Der Mensch entstammt den kohlenstoffgeprägten Verbindungen und ist zudem sauerstoffabhängig, Die ersten Lebewesen, wie wir sie verstanden wissen möchten, waren seltsame Einzeller im Wasser, die sich langsam zu anderen merkwürdigen Strukturen zusammen schlossen. Aus diesen gingen dann bald (in Jahrmillionen Jahren) komplexere Organismen hervor, die bald schon eine Cordata (Art von Wirbelsäule) ausbildeten. Aus diesen ersten „Komplexwesen" entwickelten sich andere Formen – bis hin zum Menschen, der bekanntlich ja auch eine Wirbelsäule ausgebildet hat.

Aus der Archäologie kennen wir vom Menschen mehrere unterschiedliche Erscheinungsformen, wie den Neandertaler, den Homo errecuts oder Homo habilis bis zum Homo sapiens, also den wissenden Menschen. Diese verschiedenen Menschen besiedelten die Erde. Doch seit einiger Zeit gibt es da andere Überlegungen. Es sind scheinbar einige Menschheitskulturen plötzlich von der Erde verschwunden. Niemand weiß, wann und wohin!

Man muss auch bedenken, dass es nomadisch lebende Völker gab und „bumm", plötzlich wurden aus Sammlern und Jägern (siehe Ägypten) exzellente Baumeister. Wie ist das möglich?

Anhänger der Präastronautik glauben fest daran, dass unsere Vorfahren damals Besuch von Aliens aus fernen Galaxien bekommen haben, die ihnen ihr Wissen übermittelten. Diese Momente von Transferleistungen, hier der Wissenstransfer, kennt man im Grunde genommen auf fast allen Kontinenten unserer Erde, wie wir aus Forschungen erkannt haben.

Wir haben das Glück und leben in einer Zeit, in der sich vielleicht viele Erkenntnisse aus einer Raumfahrt gewinnen lassen.

An meiner Universität habe ich als lebensälterer Student unlängst Fragen zur KI (künstliche Intelligenz) gehört. Vielleicht stehen wir derzeit vor dem „Umbau" des Menschen, und zwar vom Homo sapiens, zum Homo robotnik oder Homo digitalis.

Wer weiß, warten wir es ab und hoffen auf ein gutes Ende.

Erfahrungsgemäß dauert dies wieder Millionen unserer Jahre. Also warten wir es ab. Aber was ist schon Zeit? Bei den Ephemeriden, also den Eintagsfliegen, dauert deren gesamter Lebenszyklus nur etwa einen Tag. Mammutbäume sollen dagegen etwa dreitausend Jahre alt werden. Zeit ist demnach relativ, wie Einstein schon wusste.

Mir ist klar, dass ich bei der Bearbeitung zum Thema Menschheit von „Hölzchen auf Stöckchen" gekommen bin, aber das Thema ist so komplex und ich beschäftigte mich damit intensiv seit über fünfzig Menschenjahren, so dass ich nicht mehr sagen kann, welchen Aspekt ich zuerst beleuchtet habe. Hier noch ein interessanter Aspekt: Der Leibarzt von Josef Stalin hatte dereinst komische Versuche an Menschen angestellt. Diese sind aus heutiger Sicht sicherlich sittenwidrig. In den stalinistischen Gulags waren Menschenleben aber nicht viel wert. So konnte dieser Arzt wunderliche

Experimente anstellen. Er fest, dass ein menschlicher Körper beim Übergang vom Leben zum Tod rund 400 g an Gewicht (bei Männern) und rund 300 g (bei Frauen) verlieren, ohne dass festgestellt werden konnte, woher dieser Gewichtsverlust herrührte. Wie wir schon aus den Ergebnissen von Prof. Dr. Hugo Kückelhaus wissen, kann auch allein der Geist auf Reisen gehen.

Unlängst habe ich ein interessantes Gespräch mit meiner Schwester geführt und sie glaubt erkannt zu haben, dass sich der Geist des Menschen von einem „Individualgeistwesen" zu einem „ Kollektivwesen" (Wir-Geister) ändert. Diese Geister reisen in eine andere Dimension.

„Normalmenschen" kennen vier Dimensionen, die da sind: Länge, Breite, Höhe und die Zeit. Damit lassen sich Punkte exakt positionieren. Die Zeit ist hierzu höchst interessant. Wird dieser Eckwert nämlich verändert, dann „landen" wir vielleicht zwischen Sauriern oder zwischen Betonhochhäusern (gleicher Ort, doch unterschiedliche Zeit).

Stephen Hawking erklärte unlängst, dass es seiner Meinung nach keinen Gott gibt, weil mit dem „Big Bang" (Urknall) aus der Singularität neben der Materie auch erst die Zeit entstand. Und ohne Zeit hat es Gott aber nicht geschafft, sein Werk zu erschaffen. Aus den Ergebnissen von Dr. Hugo Kückelhaus (Initialraum-Theorie) scheint Gott zur Zeit nicht bei uns anwesend zu sein – andere Dimension, daher nicht sichtbar. Anders als der Nobelpreisträger Hawking bin ich der Ansicht, dass es zu einem anderen Zeitpunkt (früher) keine Anwesenheit Gottes gegeben haben kann. Vielleicht steht Gott auf einem erhöhten Podest und er vermag eine Vielzahl von Universen (ein Multiversum) zu steuern?

Doch der Gedanke, dass alles aus nur einer einzigen Singularität entstanden ist, kann nicht richtig sein. Denn entspringt hier eine Galaxie, so folgt sie den anderen, doch heute wissen wir, dass die Milchstraße und die Androma-Galaxie aufeinander zurauschen und bald verschmilzen werden. Aber das setzt voraus, dass sie aus verschiedenen Singularitäten entstammen müssen. Schließlich sollen in allen Galexien solche schwarzen Löcher sein.

Nur so könnten sie statt hintereinander, aufeinander stürzen. Das würde auch schlüssig erklären, warum plötzlich so viele Universen expandieren konnten, ohne das physikalische Gesetz („Nichts ist schneller als das Licht!") zu verletzen.

Ja und dann weiß ich noch von einem weiteren Phänomen, nämlich dem menschlichen Blut. Ursprünglich war alles Blut Rhesusfaktor POSITIV. Das bedeutet, dass alle Antikörper in ihm schon enthalten sind.

Plötzlich, denn wir wissen nicht wann, und wo, und aus welchem Grund, zeigte das Blut auch den Rhesusfaktor NEGATIV. Die schon an anderer Stelle erwähnten Anhänger der Präastronautik meinen, dass dies Alien-DNA sei. Heute besitzen rund fünfzehn Prozent der menschlichen Erdenbevölkerung diese Position (Negativ).

Um ehrlich zu sein, habe ich auch ein Blut der Rhesusfaktorgruppe NEGATIV. Doch nun will ich lieber schweigen!

Heinz Schneider

Erster und einziger politischer Auftritt in Hille im Westen Deutschlands im März 1990

Zum 10. März 1990 wurde der Vorsitzende der SPD der Bundesrepublik, Hans-Jochen Vogel, zu einer Großkundgebung in Prenzlau in der noch existenten DDR erwartet. Bereits zuvor war für den gleichen Zeitpunkt vom Vorsitzenden des Prenzlauer SPD-Ortsvereins, Sebastian Finger, ein Beratungstermin mit dem Landrat von Minden-Lübbecke, Heinrich Borcherding, vereinbart worden. Ich wurde von Sebastian Finger gebeten, an seiner Stelle nach Minden zu fahren, da er in Prenzlau zu diesem Zeitpunkt nicht entbehrlich sei. Ich sollte sondierende Vorgespräche hinsichtlich einer von Prenzlau gewünschten Partnerschaft der Landkreise Minden-Lübbecke und Prenzlau führen. Unser Ziel war es, darauf hinzuwirken, dass eine derartige Beziehung nur mit der am 6.5.1990 demokratisch zu wählenden Volksvertretung des Kreises Prenzlau abgeschlossen werden sollte.

Vom Landrat Heinrich Borcherding wurde ich sehr freundlich empfangen. Er hörte sich meine Argumente in aller Ruhe an und stimmte dann nach einer kurzen Diskussion dem Vorschlag des Prenzlauer SPD-Vorsitzenden zu. Am nächsten Tag, dem 9.3.1990, fand in der großen Gaststätte „Lindenhof" in Hille der Unterbezirksparteitag der SPD des Kreises Minden-Lübbecke statt. Überraschend wurde ich vom Mindener Kreisvorsitzenden Hans Rohe (MdL) gebeten, eines der beiden Grußworte vor Hunderten von SPD-Genossen zu halten – das zweite Grußwort hielt nach mir der Innenminister Herbert Schnoor –, und wurde de facto völlig unvorbereitet sanft an das Rednerpult geschoben.

Ich hatte erfahren, dass das Grundgesetz der Bundesrepublik von seinen „Vätern" letztlich als ein Provisorium angesehen worden war und es im Falle der Wiedervereinigung, mit der man 1949 allerdings in einem Zeitraum von zwei bis drei Jahren gerechnet hatte, durch eine reguläre Verfassung ersetzt werden sollte. Ich sprach mich für ein schnelles Zusammenwachsen der beiden deutschen Staaten auf der Basis einer neuen Verfassung aus, wobei die Bürger beider deutscher Teilstaaten gleichberechtigt per Volksentscheid über dieses Grundsatzdokument abstimmen sollten. Dabei wies ich auf das möglicherweise schmale Zeitfenster hin, denn niemand konnte ahnen, wie lange der Reformer Michail Gorbatschow in der Sowjetunion noch an der Macht sein würde. Deshalb erschien mir damals eine Wiedervereinigung Deutschlands nach Artikel 146 des Grundgesetzes, nach dem das Volk sowohl im Osten als auch im Westen über die neue Verfassung abstimmt, sinnvoller als nach Artikel 23 des Grundgesetzes. Nur schnell müsse es gehen. Darin stimmte ich mit der Mehrheit der Anwesenden des Unterbezirks und Innenminister Schnoor überein. Außerdem solle man die niedrigen Mieten im Osten nicht zu schnell und zu stark erhöhen und die im Osten Deutschlands vorhandenen preisgünstigen Kinderkrippen keinesfalls abschaffen. Ferner wäre es sicher sinnvoll, die kostenlose Abgabe der „Pille", die in der DDR üblich sei, beizubehalten und die Sparguthaben der Bürger nicht allzu stark abzuwerten. Ich wollte unbedingt die deutsche Einheit, verwahrte mich aber gleichzeitig gegen Versuche einflussreicher Politiker der Bundesrepublik, die DDR zu vereinnahmen.

Das war ca. vier Monate vor der Währungsunion. Damals wurde im Westen noch über stärkere Abwertungen der DDR-Währung diskutiert, weil man so Arbeitsplätze im Osten zu erhalten hoffte. Im anschließenden Gespräch zwischen Heinrich Borcherding, Hans Rohe und dem Justizminister Krumsiek wurde auch über die eventuelle Herstellung einer Partnerschaft der Kreiskrankenhäuser Lübbecke und Prenzlau diskutiert, wobei aus Minden-Lübbecke dem Kreiskrankenhaus Prenzlau schnelle Hilfe zugesagt worden war, die kurze Zeit später durch den Besuch des nordrhein-westfälischen

Ministers Krumsiek in Prenzlau realisiert wurde. Als Geschenk erhielten wir Anfang Juli 1990 dringend benötigte Medizintechnik. Kurzfristig war sogar der außerordentlich sachkundige stellvertretende Verwaltungsdirektor des Lübbecker Kreiskrankenhauses, Herr Schütte, in die Prenzlauer Einrichtung delegiert worden. Er erwies sich zu diesem Zeitpunkt – uneigennützig wie er war – als eine echte, sehr wertvolle Hilfe und war auch danach noch telefonisch für offene Fragen unseres damaligen Verwaltungschefs, Herrn Köpke, erreichbar.

Auf meinen Wunsch hin fuhr mich der kontaktfreudige aus Pommern stammende Mindener Gewerkschafter Jürgen Saft, der viele Jahre dem SPD-Parteirat der Bundesrepublik angehörte, in die angesehene Diabetesklinik nach Bad Oeynhausen. Dort traf ich auf Professor Dr. med. Rüdiger Petzoldt, einen mir aus der Literatur bereits seit langem bekannten Diabetologen der Bundesrepublik, der mir seine moderne Klinik zeigte und mich mit aktuellen Resultaten seiner epidemiologischen Diabetesforschung bekannt machte. Ich war sehr erstaunt darüber, dass ich ihm trotz des „Eisernen Vorhangs" nicht ganz unbekannt war und er sogar einige Resultate meiner gemeinsam mit Frau Dr. Lischinski durchgeführten Neustrelitzer Diabetes-Langzeitstudie kannte. Auch durfte ich als Gasthörer an einer Kreistagssitzung in Minden teilnehmen und erlebte, wie sich dort die Abgeordneten demokratischer Parteien in für mich damals ungewohnt offenen Diskussionen mit ihren regionalen Problemen auseinander setzten.

Ich erlebte an beiden Tagen in der westfälischen Kreisstadt erste wertvolle praktische Lehrstunden in Sachen „Demokratie". Dass ich nur wenige Wochen später selbst ein frei gewählter Abgeordneter und kurze Zeit darauf sogar stellvertretender Vorsitzender des Prenzlauer Kreistages werden würde, konnte ich damals allerdings nicht ahnen. Für die wertvolle uneigennützige Hilfe aus dem Kreis Minden-Lückecke bin ich allen Beteiligten sehr dankbar.

Mittlerweile bin ich 85 Jahre alt und verfolge die aktuelle Politik nur noch im Fernsehen. Die Kreisstadt Prenzlau ist seit der Wende sehr schön geworden. Die Bevölkerung hat das Joch der Diktatur durch die Sozialitische Einheitspartei Deutschlands (SED), die sich eine „führende Rolle" angemaßt hatte und alle Parteilosen von dieser ungerechtfertigten Führung ausschloss, schnell und ohne Blutvergießen abgeschüttelt. Vieles ist für uns unter den Bedingungen einer Demokratie wesentlich besser geworden. Noch heute freue ich mich täglich über die von vielen damals kaum noch erwartete Wiedervereinigung unseres Vaterlandes und danke dafür den mutigen Demonstranten von Leipzig, dem Präsidenten der Sowjetunion Michail Gorbatchow sowie dem Bundeskanzler Dr. Helmut Kohl für ihr damaliges erfolgreiches Wirken.

Martha Schwander

Deutschland, Deutschland

Der große deutsche Reformator Martin Luther, er lebte von 1483 bis 1546 und lehrte an der Universität zu Wittenberg, schenkte mit seiner Übersetzung des Neuen und Alten Testaments den Deutschen die gemeindeutsche Hochsprache. Die neuhochdeutsche Schriftsprache fand mit dem Druck der Lutherbibel weite Verbreitung als Literatur für das lesekundige Volk.

1555, mit dem Augsburger Religionsfrieden, wurde den weltlichen Fürsten die Religionsfreiheit zugesichert, die Reformierten und die Calvinisten erhielten erst im Westfälischen Frieden 1648 die Gleichstellung mit Katholiken und Lutheranern. Die evangelikalen Kirchen verbreiteten sich über die ganze Welt, nachdem in Deutschland die Reformation und in der Folge auf deutschem Boden der Dreißigjährige Krieg, der verlustreich wütende Krieg um den rechten Glauben, stattgefunden hatten. Heute ist ein gutes Drittel der Deutschen konfessionslos, alle Konfessionslosen sind zwar nicht überzeugte Atheisten, haben aber der kirchlich organisierten Religion den Rücken gekehrt, denn bei Dogmen, religiösen Vorschriften und Pflichten suchen sie keinen ethischen Halt.

Der letzte Universalgelehrte, Gottfried Wilhelm Leibniz, er lebte 1646 – 1716, gründete in Berlin die Akademie der Wissenschaften und verstieg sich als metaphysisch-spekulativer Philosoph in seiner Monadenlehre zur Vorstellung raumloser, ewiglich apperzipierender Energiezentren. Leibniz war Lutheraner, nach dem Dreißigjährigen Krieg wollte er die beiden großen Konfessionen versöhnen. Der Sonnenkönig jedoch, der katholischste aller Könige, hob das Edikt von Nantes auf und gab die Hugenotten erneut zum Abschuss frei. Viele von ihnen flohen nach Berlin, wo ein Platz noch heute ihren Namen trägt.

Friedrich II, der Große, aufgeklärt – absolutistischer Herrscher und König von Preußen von 1740–1786, schuf der französischen Aufklärung in der Berliner Akademie eine Wirkstätte für ihre Vernunfts- und Humanitätsideen. 1770 ernannte er Immanuel Kant zum Ordentlichen Professor der Logik und Metaphysik der Königsberger Universität, und dieser verfasste sodann auch sein Hauptwerk „Kritik der reinen und Kritik der praktischen Vernunft". In Berlin gründeten Philosophen, Politiker, Juristen, Pädagogen die Gesellschaft der Freunde der Aufklärung, um ihre Ideen zu diskutieren und auch Kants Kritische Philosophie. „Die Berlinische Monatsschrift" war Publikationsorgan der Gesellschaft, Kant veröffentlichte darin regelmäßig Essais zur Frage: „Was ist Aufklärung?". Kant war Mitglied der Akademie der Wissenschaften und am Ende seiner Laufbahn Rektor der Albertus Univeristät in Königsberg.

In Weimar führten Johann Wolfgang von Goethe, Dichter des Briefromans „Die Leiden des jungen Werthers ebenso wie der Tragödie „Faust", Direktor des Hoftheaters und Friedrich Schiller, Dichter des Dramas „Wallenstein", das Deutsche als Literatursprache im deutschen Idealismus zu seiner Vollendung. Überall in der Welt lehren Goetheinstitute heute Deutsch als Hochsprache.

Das Ende, das Napoleon Bonaparte dem Heiligen Römischen Reich deutscher Nation 1806 setzte, als er die Abdankung Kaiser Franz II erzwang, der nun nur noch über die Donaumonarchie regierte, die patriotischen Befreiungskriege gegen die napoleonische Besatzungsmacht, nachdem Napoleons Grande Armee im Russlandfeldzug 1812 vollständig aufgerieben worden war und nur die Völkerschlacht bei Leipzig noch ausstand, bis zu seiner völligen Niederlage, konzentrierten sich in einem knappen Zeitraum von sechs Jahren. 15 Jahre währte seine Regierungszeit vom ersten Konsul über den rauschhaften Aufstieg zum Kaiser der Franzosen bis zur Verhöhnung dieses Titels auf der Atlantikinsel St. Helena, wohin er nach seinem ruhmlosen Ende verbannt wurde. Er hatte eine Million Soldaten verbraucht.

Der Deutsche Bund, ein Zusammenschluss von 38 Staaten, die beiden größten waren Preußen und Österreich, die deutsche Bundesakte war sein Grundgesetz, trat mit Napoleons Abdankung seine Existenz an bis zur Herausbildung des modernen Nationalsstaats. Der Deutsche Zollverein, die Dampflokomotive betriebene Eisenbahn erleichterten den Warentransport auf dem deutschen Straßen-und Schienennetz. Und auch den Personenverkehr, denn im Lauf der Zeit wurde für ihn die Zeitersparnis immer bedeutender. Revolutionär – demokratisch gärte es längst auf deutschem Boden, die in Burschenschaften organisierten Studenten verlautbarten ihren Willen zur politischen Veränderung. Sie forderten patriotisch berauscht einen deutschen Staat und feierten 1817 im Oktober ein Fest auf der Wartburg, das zunächst als Dreihundertjahrefeier der Reformation gedacht war.

Im Mai 1832 bevölkerten in einem viertägigen Fest 30 000 demokratisch-revolutionär Gesinnte das Hambacher Schloss, um mit schwarz-rot-goldenen Fahnenumzügen die Einheit Deutschlands, die deutsche Nation, in der rauschhaften Aufbruchsstimmung des Hambacher Fests zu beschwören. Der deutsche Bundestag aber fürchtete um den Erhalt von Ruhe und Ordnung im Deutschen Bund und verbot konsequent jegliche Volksaufläufe auf deutschem Boden. In Baden mit seiner republikanischen Regierung entstanden trotzdem bürgerkriegsähnliche Zustände, die preußische Truppen niederschlugen, bis sich die Revolutionäre in der Festung Rastatt im Juli 1849 ergaben und die Revolution in Deutschland damit beendeten.

Die deutsche Nationalversammlung in der Frankfurter Paulskirche, in der nach allgemeinem und gleichem Wahlrecht gewählte Abgeordnete sich versammelten, um eine Verfassung auszuarbeiten, damit Deutschland ein Verfassungsstaat würde wie US-Nordamerika, wie Frankreich, disqualifizierte sich als Schwatzbude. Das Ziel revolutionärer Bewegungen in Deutschland war gescheitert.

König Wilhelm von Preußen, er folgte Friedrich Wilhelm IV, machte Otto Fürst von Bismarck zum Reichskanzler, was dieser bis 1890 blieb.

Die Schlacht von Königgrätz, worin Preußen gegen Österreich im Juli 1866 obsiegte, fiel zeitlich mit der Auflösung des Deutschen Bundes zusammen. Nördlich des Mains entstand der Norddeutsche Bund aus Preußen und norddeutschen Kleinstaaten, seine Verfassung war mit der des Deutschen Reichs bis 1918 identisch. Mit Beginn des Kriegs gegen Frankreich traten die Süddeutschen Staaten diesem Bund bei, der Sieg über Frankreich ließ im Januar 1871 Wilhelm I. den Kaiserthron besteigen, um über 40, 8 Millionen Untertanen zu herrschen, bis zum Dreikaiserjahr 1888. Bismarck blieb sein Kanzler, Ministerpräsident und Außenminister. Er schuf in den Achtzigerjahren die vorbildliche deutsche Sozialgesetzgebung für die Industriearbeiterschaft, die Kranken-, Alten- und Invalidenversicherung, um das Proletariat gegen die schlimmste Armut und Not, den Pauperismus abzusichern. Auch um es zu hindern, sich politisch sozialistisch zu organisieren und zu agitieren, hierzu erließ er die Sozialistengesetze. Das Erstarken der Sozialdemokratie, das Anwachsen der Sitze der SPD im Deutschen Reichstag konnte er hierdurch nicht verhindern.

Wilhelm II, Kaiser seit 1888, trug die deutsche Kaiserwürde 30 Jahre, bis zu seiner Abdankung mit dem Ende des Ersten Weltkriegs.

Er wollte mit dem deutschen Imperialismus die politische Macht auf Gebiete außerhalb des eigenen Staatsgebiets ausdehnen und nach der Weltmacht greifen. Militarismus, Kriegsflottenbau sollten das wilhelminische Imperium erglänzen lassen. Imperialismus ist heute nur noch als abwertendes Schlagwort im Gebrauch.

Der erste Weltkrieg, die Urkatastrophe des 20. Jahrhunderts, ursächlich hierfür war die Ermordung des Erzherzogs von Österreich Franz F. und seiner Frau in Sarajevo, wütete über vier Jahre. Er verschlang zehn Millionen Opfer. Deutschland stand auf der Verliererseite, es alleine hatte annähernd zwei Millionen Tote und vier Millionen Verwundete zu beklagen.

Am 11.11.1918 wurde der Waffenstillstand geschlossen, drei Kaiserreiche waren zerschlagen, das Wilhelminische, das russische und die Donaumonarchie. Die Neue Fastnacht konnte beginnen. Die verfassungsgebende Weimarer Nationalversammlung, bestehend aus der Weimarer Koalition (SPD, Zentrum, Liberale) und Splitterparteien, sie trat im Februar 1919 im Weimarer Nationaltheater zusammen, der Wirkstätte Goethes und Schillers und wählte Friedrich Ebert als Reichspräsidenten, Philipp Scheidemann wurde Reichskanzler. Die Verfassung der ersten deutschen Republik wurde im August desselben Jahres wirksam, Frauen hatten zum ersten Mal das Wahlrecht.

Im Kriegsschuldartikel des Versailler Vertrags hatte Deutschland sich zur Abtretungen von 70 000 Quadratkilometern seiner rohstoffreichen Gebiete verplichten müssen, damit verlor es auch zehn Prozent seiner Bevölkerung. Die Reparationsleistungen forderten von Deutschland 132 Milliarden Goldmark, in Jahressummen von 2,5 Milliarden zahlbar, bis 1988. Viele Deutsche hassten diesen Diktatfrieden, er ließ die NS-Bewegung anwachsen, er bescherte Deutschland eine galoppierende Inflation. Ende 1922 konnte Deutschland seinen Reparationsverpflichtungen nicht mehr nachkommen, die Franzosen besetzten das Ruhrgebiet, sie wollten Kohle als Naturalleistung. 1923 konnte die Notenpresse keine Geldfunktionen mehr erfüllen, auf den Geldscheinen prangten astronomische Summen von Trillionen, die stündliche Entwertungen erfuhren. Eine Hyperinflation, die deutsche Währung war völlig zusammengebrochen. Die Deutsche Rentenbank stabilisierte die Währung im November 1923 und verfügte im Geldverkehr die Umrechnung von einer Rentenmark zu einer Billion Reichsmark.

Mit dem Dawesplan vom August 1924, Charles Dawes war republikanischer Vizepräsident US-Nordamerikas, wurden die deutschen Reparationsleistungen leichter, durch Gewährung hoher amerikanischer Kredite, Dawes erhielt hierfür den Friedensnobel-preis. Deutschland wurde 1926 Mitglied des Völkerbunds. Mit dem Tod Friedrich Eberts wurde Paul von Hindenburg Reichspräsident. Die Wirtschaft in Deutschland erblühte in den Goldenen Zwanziger Jahren, auf Pump. Autos, Motorräder fuhren auf deutschen Straßen, in annähernd 400 Kinos konnten allein in Berlin die Massen ihr Vergnügen finden. Bis zum Börsenkrach in der Wallstreet, New York, am schwarzen Freitag, im Oktober 1929. Die Wirtschaftskri-se in Deutschland folgte, und die Zahlen der Arbeitslosen stiegen bis 1932 auf über sechs Millionen.

Young, Präsident der internationalen Sachverständigenkommis-sion zur Regelung der Reparationsfrage, hatte den dem Dawesplan folgenden Youngplan erarbeitet, er wurde im Vertrag von Lausanne aufgehoben.

Der Wirtschafts- und Finanzkrise in Folge des Wegfalls aller US-amerikanischen Kredite folgte die politische Krise auf dem Fuß. An-stelle von Minderheitsregierungen, die sich auf eine parlamentari-sche Duldung stützen konnten, bedurften die Präsidialkabinette des Notverordnungen erlassenden Reichspräsidenten, nur so wurden die Gesetze gültig. Hierauf jedoch sprach das Parlament der Re-gierung sein Misstrauen aus, der Kanzler löste das Parlament auf, Neuwahlen wurden ausgeschrieben. Mit den Wahlen vom Herbst 1930 wurde die NSDAP zweitstärkste Fraktion nach der SPD. Der Weltanschauungskrieg war entfesselt.

Die Weimarer Republik hatte sich vom parlamentarischen Sys-tem zum präsidialen System transformiert, das schon bald zur Hit-ler -Diktatur wurde.

Allein in den Straßen Berlins fanden bereits 1932 Hunderte den Tod im Kampf zwischen rechten und linken Schlägertrupps.

Mit der Machtübernahme vom 30. Januar 1933, in deren Folge er den Einparteistaat schuf, mit seiner Hitlerpartei des nationalen Sozialismus und imperialistischen Nationalismus, der NSDAP, un-terdrückte Adolf Hitler jede Opposition. Er erstickte sie im Keim durch gefördertes Denunziantentum und die Geheime Staatspolizei, die GESTAPO, so dass eine gleichgeschaltete Volksmasse ihr „Führer befiehl, wir folgen dir" heulen konnte, bis Alarmsirenen auslösende Bombergeschwader und Tiefflieger sie überheulten. Nazideutschland war im Oktober 1933 bereits aus dem Völkerbund aussgetreten, es unterstütze Mussolinis Eroberung Äthiopiens und General Franco im Spanischen Bürgerkrieg (1936-1939). Im Oktober 1937 schlossen sich Nazideutschland, Japan und Italien zum Antikominternpakt (Komintern-kommunistische Internationale, von Moskau dirigiert) zusammen. Im Sommer 1936 fanden in Berlin die Olympischen Spiele statt, Hitler führte die zweijährige Wehrpflicht ein und im Folgejahr die Kriegswirtschaft. Alles wurde rationiert und war nur noch auf Marken zu haben, Lebensmittel, Kleidung, die Dinge des täglichen Lebens. Im März 1938 besetzte Nazideutschland Österreich. Der imperialistische Charakter des Nationalsozialismus zeigte sich immer mehr, Lebensraum für die arische Rasse sollten die kämpfenden Nazitruppen und ihre Bomberangriffe erkämpfen. Am 1. September 1939 begann mit dem Einmarsch in Polen der zweite Weltkrieg. Im Blitzkrieg vom Mai bis Juni 1940 überrannten die Nazis die Beneluxstaaten und Frankreich, am 22. Juni 1941 marschierten sie trotz des Nichtangriffpakts mit Stalin in die Sowjetunion ein. Zwei Drittel Europas befanden sich im Sommer 1942 in Naziklauen, sodass das „Dritte Reich" unangefochtene Hegenmonialmacht war. Allerdings nur kurz, denn am 7. Dezember 1941 waren die USA in den Weltkrieg eingetreten, mit der Vernichtung des größten Teils ihrer Kriegsschiffe in Pearl Harbor, Hawaii, durch japanische Kampfflugzeuge.

Am 11. Dezember erklärte Hitler US-Nordamerika den Krieg, der nun zum Krieg der Ideologien, zum Kreuzzug gegen Hitler und dessen Totalitarismus wurde, ein Überlebenskampf freiheitlichwestlicher Demokratien.

In Nordafrika kämpften die Generäle Montgomery und Eisenhower mit ihren Armeen gegen die Armee Rommel, bis die Militärmacht

Nazideutschland geschlagen war und 250 000 Soldaten im Mai 1943 in Kriegssgefangenschaft gingen. 90 000 Kriegsgefangene waren es in Stalingrad, im Russlandfeldzug „Barbarossa" Ende Januar 1943. Dies war der Anfang eines sich über zwei Jahre hinziehenden Todeskampfes Nazideutschlands, den sein Propagandaminister Goebbels mit dem Willen zum „totalen Krieg" verkündete. Der zweite Weltkrieg forderte 55 bis 60 Millionen Tote, 5 Millionen waren Deutsche. Im Holocaust wurden über 6 Millionen europäische Juden ermordet, nach ihrer Deportation in Konzentrations- oder Vernichtungslager.

Zwölf Jahren und vier Monaten währte das „tausendjährige Reich" der Nazis, die sich in Bombardements der Alliierten in rauchenden Trümmerstädten begraben fanden.

„Bedingungslose Kapitulation und Auferstehen aus Ruinen" hieß damals dann das unerbittliche Muss.

Adolf Hitlers Antisemitismus, seine Rassenpolitik für rein arisches Blut, um das deutsche Volk durch einen zu brandmarkenden inneren Feind zusammenzuschweißen, er hatte die Hetzjagd auf jüdische Mitbürger bereits in seinem Buch „Mein Kampf" konzipiert, dieser Führer befahl auf der Wannseekonferenz und später, mit den seit Anfang 1943 eindeutigen kriegerischen Misserfolgen in dem von ihm angezettelten Zweiten Weltkrieg „die Endlösung" im industrialisierten Massenmord Holocaust in den Vernichtungslagern Auschwitz, Birkenau, Treblinka, Majdanek, Sobibor und kein Ende. Befahl den Genozid an den europäischen Juden, bis ganz Deutschland im mörderischen Völkerringen bedingungslos kaputulieren musste. Nur wenige der Todgeweihten erlebten die Befreiung durch die Alliierten.

Mit der bedingungslosen Kapitulation Deutschlands, dem Ende Deutschlands als Staat, entstanden vier Besatzungszonen, im Norden die britische, im Osten die sowjetische, im Südwesten die französische und im Süden die amerikanische.

Die amerikanische Militärregierung unter den Generälen Dwight D. Eisenhower und Clay legte unter dem Druck der Sowjetunion Stalins, die ihre Klauen nach dem Westen ausstreckte, die Leitlinien ihrer Politik fest: „Das amerikaniche Volk will dem deutschen Volk helfen, zurück zu einem ehrenvollen Platz unter den freien und friedliebenden Nationen zu finden, allerdings muss es die Verantwortung dafür tragen, was es als Kriegsinitiator und fanatisches Nazivolk an Leid und Unheil verursacht hat."

Das Entnazifizierungsprogramm führte zunächst die Verfolgung und Bestrafung der Nazigrößen als Verbrecher an der Menschlichkeit im Nürnberger Prozess durch, leider endeten viel zu wenige am Galgen. Folgeprozesse sodann vor Militärgerichten gegen hohe Funktionäre der NSDAP, gegen hohe Militärs, führende Industrielle, um das deutsche Volk von der nationalsozialistischen Ideologie zu säubern. In Fragebögen wurde seine politische Gesinnung erforscht, in der Folge der Entnazifizierungskampagne entkamen jedoch viele Parteifunktionäre der NSDAP ihrer gerechten Bestrafung, dies beeinflusste das politische Bewußtsein in Deutschland sehr negativ. Die Menschen hungerten, sie froren, ihre Städte lagen zerbombt da. Trümmerhaufen. Wohnungsnot herrschte, die Überlebenden der Bombardements hausten in Kellern, in improvisierten Unterkünften. Sie mussten den knappen Wohnraum mit annähernd zehn Millionen Flüchtlingen aus dem Osten teilen. Ihre Kräfte wurden durch den nackten Überdlebenskampf so aufgezehrt, dass ihnen zunächst der Wille zu einem demokratischen Neuanfang fehlte.

Die Demontage wichtiger Industrieanlagen durch die Besatzungsmächte wurde bald eingestellt, tradierte Wirtschaftsstrukturen wurden gefördert, ebenso die politische und ökonomische Freiheit des Einzelnen und die Idee der westlichen Demokratie gegen Sozialismus und Kommunismus. Die Besatzungsmächte entschieden über die Gründung politischer Parteien – CDU, SPD, FDP entstanden. Die Währungsreform vom Juni 1948 und die freie Marktwirtschaft schufen die Grundlage zum späteren Wirtschaftswunder. Die politische Spaltung Deutschlands stand jedoch ins Haus, denn die sowjetischen Besatzer im Osten zögerten nicht, eine marxistisch-leninistische Diktatur zu errichten, die SED wurde darin die einzig erlaubte Partei. Vom 24. Juni bis zum 12. Mai des Folgejahres inszenierten sie die Berlinblockade und sperrten fast alle Verbindungen nach Westberlin über Straßen, Gleise, Wasserläufe so ab, dass die Stadt nur durch die Luftbrücke der Alliierten, die sogenannten Rosinenbomber, überleben konnte.

Die sowjetische Besatzungszone gab sich im Oktober 1949 ihren wohlklingenden Namen „Deutsche Demokratische Republik". Trotzdem entflohen ihr drei Millionen Menschen, sie flohen in den Westen, bis zum Bau der 45 Kilometer langen Mauer durch Berlin, Baubeginn am 13. August 1961, ein Symbol der Spaltung Deutschlands, der Trennung zwischen Ost und West. Ein Symbol der verfeindeten Ideologien im Kalten Krieg.

Die politisch Stabilität der Westzone gewährleistete ein Parlamentarischer Rat, der ab September 1948 in Bonn tagte, durch die Ausarbeitung eines Grundgesetzes, das die Freiheitsrechte und die politischen Gestaltungsrechte enthielt. Die Stellung des Kanzlers, der Regierung und des Parlaments wurden darin gestärkt, die des Bundespräsidenten hingegen wurde verringert. Die Entscheidung über die Wahl und Abwahl des Kanzlers lag alleine beim Parlament. Der neue Staat sollte den Namen „Bundesrepublik Deutschland" tragen und eine parlamentarische Demokratie sein. Das Grundgesetz wurde im Mai 1949 verkündigt, das 1951 eingerichtete Bundesverfassungsgericht wurde zum Hüter dieser Verfassung.

Im September 1949 ersetzte die Alliierte Hohe Kommission die Militärgouverneure, sie garantierte die Souveränität, die Sicherheit und die Politik des neuen Staates bis 1955.

Am 15. September wurde der 73-jährige Konrad Adenauer zum ersten Kanzler der BRD gewählt, vor und nach der Nazizeit war er Oberbürgermeister Kölns, von den Nazis wurde er in die innere Emigration verbannt, 1944 sogar inhaftiert. 14 Jahre lang sollte

Adenauer Führer der Christdemokraten und der Kanzlerdemokratie sein, sein Kanzleramt plante politische Entscheidungen und koordinierte die Arbeit der Ministerialbürokratie in Bonn, der neuen Hauptstadt.

Die „Zusammenbruchsgesellschaft" im Nachkriegsdeutschland, der Marshallplan, die marktwirtschaftliche Ordnung, Wirtschaftsminister Ludwig Erhard und „soziale Marktwirtschaft", die an Privatwirtschaft, Konkurrenz, Wettbewerb orientiert war, aber auch an sozialer Gerechtigkeit und gesellschaftlicher Verantwortung durch den kontrollierenden Staat so, dass in einem Zeitraum von nur zehn Jahren das „Wirtschaftswunder" geschah, dessen Signum der Name Ludwig Erhard war.

Aus der westdeutschen Wirtschaftsordnung entwickelte sich der bundesdeutsche Sozialstaat, orientiert auch an Bismarcks Sozialgesetzgebung. Das Sozialrecht erfuhr eine Reform, 1957 kam die „Dynamisierung der Renten" durch ihre Bindung an die gestiegenen Bruttolöhne, dies führte auch zu einer deutlichen Erhöhung der Renten und einer Beteiligung der Rentner am Wohlstand. 1955 trat Deutschland der NATO bei, die Pariser Verträge traten im Mai des Jahres in Kraft, als Erfolg der Aussenpolitik Adenauers wurden darin der Besatzungsstatus Deutschlands aufgehoben und seine Westintegration gesichert. Auch die europäische Politik war erfolgreich, die Europäische Wirtschaftsgemeinschaft (EWG) und die Europäische Atomgemeinschaft (Euratom) entstanden, die deutschfranzösische Aussöhnung gedieh nach den Vorstellungen des Kanzlers Adenauer und des Staatspräsidenten de Gaulle.

In den Sechzigerjahren entwickelte sich die Wohlstandsgesellschaft zur „nivellierten Mittelstandsgesellschaft" (Helmut Schelsky). Ihr Markenzeichen war weiterhin das „Wirtschaftswunder und seine Konsummöglichkeiten". Die Fünftagewoche, der dreiwöchige Urlaub, die Urlaubsreise wurden zur Norm, ebenso Kühlschrank, Waschmaschine, Fernseher, Auto usw.

Der Lebensstil, die Werthaltungen, die kulturellen Leitbilder verän-
derten sich, die Rolle der Frau in der Gesellschaft wurde neu definiert, die Jugend protestierte, liebte Rock- und Beatmusik und west-
liche, amerikanische Werte.

Die Studentenbewegung, die Ausserparlamentarische Opposition
(APO), die Ostermarschbewegung und ihr Widerstand gegen Atom-
waffen, der Protest der Studenten gegen den Vietnamkrieg, ihre
moralische Entrüstung gehörten ebenso zu den Sechzigerjahren.

Adenauer überließ erst als 87jähriger, im Oktober 1963, den
Kanzlersessel seinem Nachfolger, dem bisherigen Wirtschaftsminister und Vater des Wirtschaftswunders, Ludwig Erhard. Dieser
gewann die Bundestagswahl im September 1965 für die Christdemokraten mit 47,6 Prozent der Wählerstimmen. Jedoch, ihm fehlte
es an Führungsstärke, und da sich eine wirtschaftliche Rezession
ankündigte, der auch der Kreator des Wirtschftswunders nicht ge-
gensteuern konnte, scheiterte er und trat im November 1966 zurück.
Ihm folgte Kurt-Georg Kissinger, bisheriger Ministerpräsident
Baden-Württembergs, als Kanzler einer großen Koalition mit der
SPD. Wirtschaftsminister Karl Schiller und Finanzminister Franz
Josef Strauß gelang es, der Wirtschaft erneut zum Aufschwung zu
verhelfen und die Arbeitslosigkeit abzubauen.

Die SPD-Parteimitglieder setzten sich inzwischen aus Angestellten, Beamten, Personen mit höheren Bildungsabschlüssen zusammen, was das Gesicht dieser Partei derartig veränderte, dass eine
Koalition aus Sozial- und Freien Demokraten möglich wurde, die
ab September 1969 für mehr als eine Dekade in Bonn die Politik
gab, wobei sie versuchte, ihr Programm der sich verändernden
Wirklichkeit der BRD anzupassen. Kanzler wurden Willy Brand
und Helmut Schmidt, Bundespräsidenten Gustav Heinemann und
Walter Scheel. Später folgten als Bundespräsidenten Karl Cars-
tens (CDU, 1979-1984), Richard von Weizäcker (CDU, 1984–94),
Roman Herzog (CDU, 1994–1999), Johannes Rau (SPD, 1999–
2004), Horst Köhler (CDU, 2004-2010), Christian Wulff (CDU,

2010-2012), Joachim Gauck (2012–2017) und Frank Walter Steinmaier (SPD) folgt bis heute.

Die schweren Krisen in der Regierungszeit Helmut Schmidts waren Verknappung und Verteuerung der Energie, des Erdöls der Nahostkrisen wegen und der Zusammenbruch der auf dem Gold-Dollar-Standard basierenden Weltwährungsordnung, da die USA hohe Defizite durch ihre Verstrickung in den Vietnamkrieg verzeichnen mussten, was die stabilen Wechselkurse unterhöhlte. Als Folge löste sich die BRD von der Leitwährung US-$.

Ein Weltwirtschaftsgipfel, wo sich die sieben entscheidenden Wirtschaftsmächte des Westens regelmäßig berieten, war auf Initiative des Kanzlers Schmidt und des französischen Staatspräsidenten Giscard d'Estaing entstanden, denn beiden Staaten kam eine Vorreiterrolle bei der Planung internationaler wirtschaftspolitischer Entscheidungen zu. Auch wollten sie den europäischen Wirtschafts- und Währungsraum angesichts des Zusammenbruchs der Weltwährungsordnung und der so entstandenen wirtschaftlichen Turbulenzen zu einem Raum der Stabilität machen.

Dem Misstrauen zwischen den Machtblöcken Ost-West folgten Jahre der Entspannung im politisch-militärischen Bereich, sodass die Supermächte sich 1975 gemeinsam mit den europäischen Staaten auf der Konferenz für Sicherheit und Zusammenarbeit in Helsinki (KSZE) auf die Geltung der Menschenrechte, Freizügigkeit, Fortsetzung des Ost-West-Dialogs, auf Rüstungskontroll- und Abrüstungsverhandlungen und Beschränkung der Nuklearrüstung einigten. Die UdSSR jedoch wollte im Schutz dieser Verhandlungen neue Mittelstreckenraketen von beeindruckender Zielgenauigkeit auf westeuropäische Städte installieren. Kanzler Schmidt wollte im Gegenzug Raketen und Marschflugkörper von mittlerer Reichweite in Europa stationieren, Waffensysteme mit Drohkraft gegen die Sowjetunion, falls diese nicht ihre SS-20-Rakten abbauen sollte.

Der Doppelbschluss des NATO-Ministerrats Ende 1979 trug dem Rechnung.

Die westdeutsche Friedensbewegung jedoch drückte ihren Widerstand gegen ein atomares Wettrüsten aus, von der Furcht vor einem Atomkrieg und -tod getrieben, in der Folge der Ostermarschbewegung. Pazifistisch und ökologisch bewegt marschierte sie gegen nukleare Abschreckung, gegen die apokalyptischen Gefahren der Atomkraftwerke, in ihr trafen sich Repräsentanten der neuen, ökologischen Bewegung „die Grünen", die schon bald als vierte Bundespartei im Bundestag saßen, aber auch Schriftsteller, Intellektuelle, Mitglieder der alten und der linken Parteien. Sie alle lehnten konsequent den NATO-Doppelbeschluss ab und sammelten im „Krefelder Appell" 2,7 Millionen Unterschriften. Sogar Teile der sozialdemokratischen Parteispitze verweigerten ihrem Kanzler die Treue und stimmten dem Stationierungsbeschluss des Bundestags nicht zu.

Am 1. Oktober 1982 wurde der CDU–Vorsitzende Helmut Kohl über ein konstruktives Misstrauensvotum gegen Helmut Schmidt zum Kanzler gewählt. Die CDU kehrte mit knapp 50 Prozent der Stimmen zur Macht zurück und bildete zusammen mit der FDP eine Koalition, die sich sofort zum NATO–Doppelbeschluss vom Dezember 1979 bekannte und ihre Einwilligung zur Aufstellung US–amerikanischer Mittelstreckenwaffen gab, falls die Sowjetunion nicht bis Ende 1983 ihre SS–20-Raketen abbauen sollte. Der Bundestag stimmte der Stationierung der Mittelstreckenwaffen und damit der Sicherheitsphilosophie des Westens zu, und das deutsch-amerikanischen Verhältnis verbesserte sich.

Aber auch das deutsch-deutsche Verhältnis verbesserte sich durch Kredite in Höhe von zwei Milliarden DM für Zugeständnisse im humanitären Bereich, zu mehr Westreisen der DDR-Bürger, zu Ausreiseanträgen auf Gesetzesbasis usw.

Bis zur endgültigen Flucht aus der DDR, der Abstimmung mit den Füßen 1989, weil die wirtschaftlichen Verhältnisse sich dort immer mehr und so verschlechtert hatten, dass im Spätsommer des Jahres viele DDR-Bürger, Ausreisewillige, die sich in den Westen absetzen wollten, über die österreichische Grenze kamen, denn diese wurde am elften September des Jahres offiziell für sie geöffnet. Auf den Geländen der bundesdeutschen Botschaften in Prag und Warschau warteten bis Ende September 7 500 DDR - Bürger auf die Erlaubnis der DDR zu ihrer Ausreise, die der damalige deutsche Außenminister Genscher der DDR-Führung abrang. Sonderzüge brachten diese Flüchtlinge dann Anfang Oktober über das DDR-Staatsgebiet in den freien Westen.

Am siebten Oktober feierte die DDR-Führungsriege das vierzigjährige Jubiläum der DDR im Palast der Republik, während ausserhalb seiner Mauern eine vieltausendköpfige Menge demonstrierte und staatsfeindliche Parolen donnerte. Zehn Tage später musste Erich Honecker als Generalsekretär des Zentralkomitees der SED Egon Krenz seinen Sessel überlassen.

Die Öffentlichkeit erfuhr am neunten November 1989 von einem neuen Gesetz, das mit sofortiger Wirkung Reisen ins Ausland erlaubte. Am Abend desselben Tages und an den Folgetagen strömten Hunderttausende DDR-Bürger durch die nun geöffnete Mauer nach Westberlin, eine weitere Abstimmung mit den Füßen. Bundeskanzler Kohl bemühte sich um einen wieder vereinten deutschen Staat nach dem Wiedervereinigungsgebot des Grundgesetzes, Berlin sollte die Hauptstadt sein. Der Einigungsvertrag wurde in Moskau unterzeichnet, die Teilung Deutschlands war somit beendet. Der dritte Oktober wurde als Tag der deutschen Einheit zum gesetzlichen Feiertag.

Der hoffnungslose Zustand der DDR-Wirtschaft zeigte sich erst mit ihrem Ende, Industrieruinen, verödete Landstriche, Kollaps der Märkte. Die Privatisierung der DDR-Wirtschaft erwies sich als äußerst schwierig, die eigens hierfür geschaffene Treuhandanstalt war Zwischeneigentümerin von 8 000 Kombinaten und „Volkseigenen Betrieben", die nur zu einem kleinen Teil verkauft, zum großen Teil jedoch stillgelegt wurden. Die Kosten für die deutsche Einheit mussten vom „Fond deutsche Einheit", auf dessen Einrichtung sich

Bund und Länder geeinigt hatten, gezahlt werden, zur Beseitigung ungeheuerer Umweltschäden, Erneuerung der Wirtschaft und der Infrastruktur der neuen Bundesländer. Eine Zusatzsteuer, der Solidaritätszuschlag, finanzielle Leistungen aus dem Bundeshaushalt und den Länderhaushalten flossen in diesen Fond, aus dem von 1990 bis 2000 ungefähr 1,8 Billionen Deutschmark von West nach Ost transferiert wurden. Dieser Transfer hat sich bis heute so fortgesetzt, dass der überwiegende Teil der Bevölkerung sich eines dem Westen angenäherten Lebensstandarts erfreuen kann, ein beachtlicher Wohlstandsschub.

Allerdings setzt sich damit auch ein pluralistischer, individualistischer Lebensstil durch, der Unterschiede im Bezug auf Einkommen, Eigentum, Besitz, Beruf, Konsum ausprägt und sich von der auffällig einheitlicheren Sozialstruktur der DDR erheblich unterscheidet. Hierdurch macht sich bei Benachteiligten eine Art DDR -Ostalgie breit.

Die neuen Bundesländer Mecklenburg-Vorpommern, Brandenburg, Thüringen, Sachsen-Anhalt und Sachsen sind inzwischen blühende Landschaften, durch die neuverlegte Straßenverkehrsnetze und Autobahnen führen und Städte wie Dresden, Magdeburg, Erfurt, Leipzig mit dem Westen verbinden.

82 695 000 Einwohner umfasst heute, 2019, die Bundesrepublik Deutschland.

Heike Streithoff

Sehnsucht nach Indien

Die Sonne stand kristallklar am Himmel, der Wind wehte mir eine frische Brise entgegen, als ich mit einem Taxi Richtung Candolim fuhr, entlang der Küstenstraße. Das Holifest, ein berühmtes hinduistisches Fest wurde an diesem Vollmondtag gefeiert. Kinder versperrten die Fahrbahn, besprengten sich mit Wasser, ihre Gesichter bis zur Unkenntlichkeit verschmiert, bewarfen sich mit rotem und rosafarbenem Puder. Ein süßlicher Duft lag in der Luft. „Zur Vertreibung der Geister", erklärte der Fahrer. Ihre verklebten Finger tatschten an die verstaubten Autos, griffen in die Taxis, wildes Bakschich-Gekreisch folgte dem buntschillernden Straßentreiben. Hupende Motorräder, knatternde Busse, klirrende Fahrräder, ein Verkehrschaos voller Leben rauschte vorbei, die Kühe schoben sich mit den streunenden Katzen irgendwie dazwischen. Ich spürte den Tod meiner Mutter vor wenigen Monaten beim Anblick dieses Farbspektakels. Mein Hals füllte sich mit Ohnmacht. Ich wollte in diesem Land des Glaubens den europäischen Winter abstreifen und sehnte mich nach einer arbeitsfreien Zeit. Nur 100 Meter trennten mein Appartement vom Strand, nachts hörte ich das Rauschen des Indischen Ozeans. Die surrenden Mücken, das klirrende Geräusch des Ventilators, die dichte Luft in der Nacht bedrückten mich zunehmend. Ich hörte schon meine Gedanken sprechen.

Ein paar Tage später zog es mich zum kilometerlangen Strand. Ich entdeckte ein Café in den Dünen mit Blick aufs Meer, schattig und abseits gelegen vom Touristenstrom, Korbsessel und Holztische aneinandergereiht. Ein paar britische Hippies und blonde Holländerinnen, ein indischer Boy und eine Inderin, mit einem dunkelbraunen Hündchen, bildeten das Zentrum des Tummelplatzes. Ich nahm immer mehr die Stimme dieser indischen Frau wahr, ihren

Singsang, wenn sie sprach, und verfolgte die Gespräche mit den Gästen; Inhalte, die sich nur in ihren Tönen unterschieden. Fast täglich ging ich ins „Wonderland". Sonntag waren die Eltern der indischen Frau anwesend, majestätisch gekleidet und auch die Kinder festlich herausgeputzt. Doch die indische Frau zog alle Blicke auf sich. Ihre lockigen, Henna glänzenden Haare waren zu einem Zopf gebunden, ihr Körper in weiße Baumwolle gehüllt. Ich sah ihre ebenmäßigen Finger, die ovalen Fingernägel ganz nah, an der rechten Hand trug sie einen filigranen goldenen Ring. In ihr schönes Gesicht zu schauen schien mir peinlich. Sie bediente mich zum ersten Mal, der Boy servierte diesmal nur die Snacks. Nach dem Essen ging ich etwas früher als gewöhnlich in mein Gasthaus zurück, wie jeden Tag den langen Sandstrand entlang. Ich spürte die Zeit, sie rannte mir davon.

An den darauffolgenden Tagen erkundete ich die Küste und fuhr mit einem Motorrad Taxi nach Anjuna, stöberte landeinwärts in Mapusa auf dem Wochenmarkt nach Mineralien, kaufte eine Musikkassette von Ali Akbar Khan für 65 Rupien – 3 DM. „Journey" rasselte im Walkman rauf und runter. In Old Goa entdeckte ich kleine Juweliergeschäfte nahe der St.- Cajetan-Kirche und besichtigte in Bandora den Mahalakshmi-Tempel und nördlich von Ponda, den Sri Manguesh-Tempel. Aufgeladen mit indischen und portugiesischen Eindrücken, fühlte ich mich dünnhäutig und schwermütig werden. Mein Geburtstag nahte, der erste ohne meine Mutter.

Drei Tage vor meiner Abreise wollte ich noch einmal in das Café gehen. Es war nicht viel los vormittags. Am Nachmittag erschien die Inderin. Ich wusste aus den Gesprächen mit den anderen Gästen, sie volontierte vormittags bei einer örtlichen Zeitung. Ich bestellte ihren beliebten Rosetea. Sie delegierte die Bestellung an den Boy und zog sich Zeitung lesend zurück. Wenig später verlangte ich die Rechnung und stellte fest, als ich in meine Geldbörse schaute, ich hatte nicht genügend Rupien dabei. Nach meinem Trip hatte ich vergessen, ausreichend Deutsche Mark zu tauschen. Ich gestand meine Panne ein und bot an, in ihrer Messingschüssel abzuspülen, wedelte kreisend mit der Hand. Meine Englischkenntnisse konnten mich gerade noch retten. Flüsternd, fast hauchend bat sie mich, das Geld morgen vorbei zu bringen. Ich war erleichtert und spürte ihren Blick beim Gehen, drehte mich ruckartig um. Sie winkte mir lachend nach.

Am nächsten Vormittag lud ich zwei deutsche Frauen aus meinem Gasthaus, der verblasste Prunk einer portugiesischen Villa, zum Abendessen ein. Den letzten Tag wollte ich am Meer verbringen und meine Schuld begleichen. Es war Ende Februar, noch Frühling in Indien, trotzdem wurden die Tage deutlich schwüler. Im Sand ohne Schuhe zu gehen war mittags unmöglich. Die Inderin war bereits da. Ich bestellte zur Erfrischung Coca Cola und eine Suppe. Diesmal servierte sie auch, was sie bisher dem Boy überließ und hielt ein paar Orangenstücke in der Hand. Sie fragte höflich, ob der Stuhl neben mir noch frei wäre. Ich war überrascht, nickte ihr zu, zeigte zur Suppe und der daneben liegenden Gabel. Sie grinste, delegierte selbstsicher an den Boy, einen Löffel zu bringen und fing an, von ihrer Schwester zu erzählen, die in München studiert, das ihr in diesem Jahr das nötige Visum fehlt, aber es nächstes Jahr im Juni sicher mit der Reise nach Deutschland klappen würde. Sie fragte mich, aus welchem Teil Deutschlands ich käme. Die Trennung schien ihr wichtig. Ich erzählte vom Fall der Mauer und den Veränderungen in Osteuropa. „Goa ist erst seit 10 Jahren der 25. Bundesstaat Indiens, die Geschichte der portugiesischen Kolonie sei ja bekannt", sagte sie, aber das Ausmaß einer Teilung könne sie sich nicht vorstellen. Langsam gingen mir die Vokabeln aus bei diesen brisanten Themen. Sie war deutlich jünger als ich geschätzt hatte und sprach hervorragend Englisch. Zwischen ihren Augenbrauen klebte ein dunkelroter Punkt. Später ließen wir uns mit Henna bemalen. Sie lachte vergnügt, griff nach meinem Arm und zeigte mir ihren Ring, den sie nur zur Tarnung trug. Irgendwie war ich erleichtert, dass sie mir das auch anvertraute. Für Alleinreisende sind solche Maskeraden hilfreich. Ich beobachtete, wie die Sonne wanderte, sich zunehmend rot verfärbte, der weite Blick auf die Küste mit den Palmen atemberaubend. Sie begleitete mich noch ein Stück am Strand. Das Hündchen folgte ihr quietschend. Plötzlich hielt sie inne, kniete sich hin, zögerlich, nach Worten suchend, und fragte, ob sie mich heute Abend oder morgen früh noch einmal sehen könnte? Es fiel mir so schon schwer, Indien zu verlassen und lud sie heute Abend mit zum Essen ein. Ich erklärte ihr den Weg ins Restaurant. Als hätte sie sich mir aufgedrängt, schob sie sanftmütig nach, fragte, ob ich das auch wirklich möchte? Ich hatte Geburtstag, das sagte ich auch ihr nicht. „Please be tonight my guest", antwortete ich entspannt. Sie lachte mich bezaubernd an und sprang wie ein Teenager davon. Der kleine Hund flitzte ihr piepsend hinterher. In zwei Stunden würden wir uns wiedersehen.

Die Erzählung ist meiner Mutter zum 20. Todestag 1997-2017 gewidmet.

Besonderer Dank gilt Prema.

Kurt Strobl

Der Pfriemer

Wir sollen alle zur Schule kommen, sagte der Otti, als ich ihn zufällig auf der Straße traf. Es war damals sicher nicht mehr als zwei oder drei Wochen her, dass die Russen Wien besetzt hatten, und der Krieg war noch nicht vorbei. In Niederösterreich und Oberösterreich soll es noch Kämpfe geben, hieß es. Bei uns in Wien aber war schon Friede, war Stille. Wer hätte auch Lärm machen sollen und womit? Autos gab es keine, außer denen der Russen und die fuhren nicht oft. Es gab zwar noch Radios, aber zumeist keinen Strom, um sie zu betreiben und die Menschen, die waren zu sehr damit beschäftigt, das Nötigste zum Leben zu beschaffen, dass sie weder Zeit noch die Kraft hatten, Lärm zu machen. Und die, die früher die großen Reden gehalten hatten, so von Endsieg und Durchhalten, die waren entweder nicht da oder hatten sich verkrochen.

Wir sollten alle zur Schule kommen, sagte der Otti nochmals, als ich ungläubig den Kopf schüttelte. Der Pfriemer, den er gestern getroffen habe, der habe ihm kategorisch aufgetragen, die ganze letzte Klasse zu verständigen, soweit er die Burschen eben finden konnte. Der Pfriemer, das war unser Klassenvorstand die ganze Hauptschulzeit über. Bei ihm traute sich keiner aufzumucken. Er war eine Persönlichkeit! Er war einer der wenigen Lehrer, die nicht eingezogen worden waren, wahrscheinlich weil er damals schon sehr schwer krank war, oder er hatte sich rechtzeitig „abgesetzt", wie man damals ein Davonlaufen nannte. Jedenfalls war er da.

Also gingen wir zur Schule hin, der Otti und ich, um ihn zu fragen, was er denn von uns wollte. Dass er unterrichten würde, das konnten wir uns kaum vorstellen. Wussten wir doch, dass bis vor zwei Tagen in der Schule russische Soldaten einquartiert waren. Nun war das Haus wieder frei. Die Klassenzimmer gab es noch alle.

Zwar hatten die Russen sicher einiges an Inventar mitgenommen, aber wie wir später erfahren hatten, hatten sich auch einige Zeitgenossen aus der Umgebung bedient.

Nun, was der Pfriemer von uns wollte war, dass wir ihm beim Aufräumen helfen sollten. Für ihn war es selbstverständlich, dass, sobald es nur irgendwie möglich wäre, wieder unterrichtet werden müsse. Wenn man da wartete, bis irgendwer in dieser Richtung etwas tat, bis von irgendwoher Vorschriften kamen, verging nur unnötig Zeit. In den letzten Monaten des Krieges ist ohnehin viel an Unterrichtsstunden versäumt worden, meinte der Pfriemer.

Nun, das Haus war in Ordnung, wenn man es den Verhältnissen entsprechend meint. Es hatte ein komplettes Dach, es gab noch alle Fußböden, Türen und Fenster, freilich manche Scheibe nicht mehr. Es gab genug Tische und Sessel, zumindest konnte man sie leicht wieder instandsetzen, und es gab die Schultafeln. War nur noch der Dreck zu beseitigen, waren nur noch die verstopften Klos zu putzen und aus den wüsten Haufen, die überall herumlagen, die noch brauchbaren Bücher, Hefte, Zeichenblätter und Tafelkreide, und was sonst noch an Schulmaterial zu finden war, herauszusuchen und zu ordnen. Der Pfriemer war hinter jedem Restchen Kreide hinterher, hinter jedem Blatt Papier. Alles war kostbar! Konnte ja niemand sagen, wann neues Material bestellt werden könnte. Es gab ja keine Betriebe und Rohstoffe dafür.

Mit jedem Tag wurde die Zahl der Helfer größer. Es war ja damals nicht so einfach wie heute, dass man sich einfach ans Telefon setzt, wenn man Leute verständigen will oder ein Mail schickt. Das gab es ja damals alles nicht. Und es kamen auch wieder Lehrer und Lehrerinnen. Vielleicht waren wir dann die erste Schule in Wien, in der wieder unterrichtet wurde, mit geringsten Materialien und auch ohne Schulgesetz.

Wäre nur noch die Frage zu klären, wer den Pfriemer beauftragt hatte, die Schule aufzuräumen, andere Personen dafür zu verpflichten und schließlich den Unterricht zu organisieren. Nun, niemand!

Er hatte sich den Auftrag dazu selbst gegeben, weil er meinte, dass es notwendig war. So hat er eben das Notwendige getan, ohne zu warten, bis es eine Stelle gab, die das anordnete. Und es gab in jenen Tagen Gott sei Dank viele Pfriemer in unserer Stadt, in unserem Land. Menschen, die einfach zugriffen, die retteten, aufbauten, oft mit bloßen Händen. Und nicht nur, wenn es galt, eine Schule herzurichten.

Rudolf Peter Wachs

Die logische Sekunde

Jede Sekunde ist doch logisch, oder? Ich meine die Sekunde, die der Messung unserer Zeitrechnung zugrunde liegt, in der sechzig Sekunden eine Minute ergeben und dreitausendsechshundert Sekunden eine Stunde. In längst vergangenen Zeiten, in denen sich die Menschen zur Zeitbestimmung nur der Sonnenuhr, der Sanduhr oder der Wasseruhr bedienen konnten, kannte man weder Sekunde noch Minute. Diese zierten die Zifferblätter von Uhren erst um die Mitte des 17. Jahrhunderts, als die Pendeluhr erfunden wurde. Von da an führte die Entwicklung der Uhrentechnik bis zu der uns heute bekannten Atomuhr, in der die Zeiteinheit Sekunde als ein konkreter vielfacher konstanter Betrag der Periodendauer der Strahlung eines Cäsiumatoms definiert wird. In unserer Zeitmessung geht also alles ganz logisch zu. Was aber ist dann eine logische Sekunde? Eine solche wäre mir wahrscheinlich niemals zur Kenntnis gelangt, wenn sie in meinem Leben einmal eine nicht gerade unbedeutende Rolle gespielt hätte.

Seit Anfang der 1980er Jahre war ich in der Bauakademie der DDR tätig, die im Dezember 1951 zu Ehren Josef Wissarionowitsch Stalins in einem Staatsakt als „Deutsche Bauakademie" feierlich eröffnet worden war. Doch schon Ende der 1960er Jahre folgte ich einer Einladung zu einem Gespräch nach Berlin in deren zentralen Sitz in der Hannoverschen/Ecke Friedrichstraße. Als ich damals das Gebäude betrat, wusste ich noch nichts von dessen Geschichte und Bedeutung. Die wurden mir erst bewusst, als das Gebäude von dezidiertem Interesse für die Regierung der BRD geworden war, die nach der Aufnahme beider deutscher Staaten in die UNO im Jahre 1973 auf der Einrichtung ihrer Vertretung in der DDR in eben diesem Gebäude bestand. Und es lag insofern in ihrem Interesse, als es ein Scharoun-Bau war.

Hans Bernhard Scharoun gehörte als Architekt in den 1920er Jahren zur Avantgarde des neuen Bauens. Nach dem Krieg war er Stadtbaurat von Berlin, bis er 1947 die Leitung des neugegründeten Instituts für Bauwesen übernahm, einschließlich dessen Abteilung Gestaltung. Einen eigenen Standort erhielt das Institut aber erst 1949 mit Bewilligung der Sowjetischen Militärkommandantur in eben dieser Hannoverschen Straße. Es war ein zu einer ehemaligen Kaserne gehörendes Gebäude, dessen Ausbau Scharoun übernahm und in einem neu aufgestockten Dachgeschoss sein Atelier einrichtete. Hier entwickelte er sein Konzept der „Wohnzelle". In einer solchen Zelle sah er eine städtebauliche Grundeinheit, die die Aufgabe hat, Mittler zwischen dem Chaos der Weltstadt und der Verlorenheit des Einzelnen zu sein. Die ersten Entwürfe erarbeitete er für den zerstörten Berliner Bezirk Friedrichshain und begann mit dem Bau von zwei fünfgeschossigen Wohnhäusern, sogenannten Laubenganghäusern. In dieser Zeit geriet er zwischen die politischen Fronten der sich abzeichnenden Teilung Berlins.

In der im Oktober 1949 gegründeten DDR verwarf Walter Ulbricht, der Generalsekretär der Sozialistischen Einheitspartei Deutschlands (SED), Scharouns in der Tradition des Bauhauses stehenden Entwürfe als dekadent und formalistisch und drängte die Architekten, Positionen einer neuen deutschen Architektur zu beschreiten, die sich nach dem Vorbild der Sowjetunion dem Inhalt nach auf den Sozialismus und der Form nach auf nationale Traditionen gründeten sollten.

Architekt Hermann Henselmann, ein bis dahin bekennender Bauhäusler und Abteilungsleiter in Scharouns Institut, übernahm in der aus diesem Institut hervorgehenden Deutsche Bauakademie die Meisterklasse I, mit der er mit zwei weiteren Meisterklassen die Entwürfe für den von Scharoun ausgewählten Bezirk Friedrichshain erarbeitete. Das Ergebnis war die Bebauung zwischen

Strausberger Platz und Frankfurter Tor als *Nationales Aufbauwerk Stalinallee.* Als er 1953 stirbt, „der verdiente Mörder des Volkes – Stalin", wie Bertold Brecht dichten wird, wird dieser Straßenzug ein halbes Jahrzehnt später in Karl-Marx-Allee umbenannt.

Scharoun setzte seine Forschung und Lehre als Professor an der TU bis 1958 fort und war von 1955 bis 1968 Präsident der Akademie der Künste; beide Standorte lagen in Berlin (West), der selbständigen politischen Einheit Berlin, wie es im offiziellem Sprachgebrauch der DDR hieß. Scharouns Laubenganghäuser sind erhalten geblieben in der Karl-Marx-Allee 102/104 und 126/128.

Als ich damals, Ende der 1960er Jahre, zum ersten Mal den Scharoun-Bau in der Hannoverschen Straße betrat und mich verabredungsgemäß in einem Sekretariat vorstellte, erhielt ich mit höchstem Bedauern zur Antwort, dass die Person, die sich mit mir verabredet hatte, kurzfristig in den Ministerrat gerufen worden war, sodass man mich nicht mehr informieren konnte, und aufgrund des anstehenden Problems mit ihrer Rückkehr vor Feierabend auch nicht zu rechnen wäre. Außer Spesen, nichts gewesen, hätte ich schließlich konstatieren können, doch ich war schon etwas pikiert und schwur mir: Die sehen mich nie mehr wieder.

Doch der Volksmund ist weise, wenn er sagt: Sag niemals nie. Fünfzehn Jahre später war ich Leiter der betreffenden Abteilung, jedoch nur für nicht ganz ein Jahr. Und das kam so: Die Sekretärin trat in mein Arbeitszimmer und sagte: Der Parteisekretär will Dich sprechen. Sie erkannte an meinem Gesichtsausdruck meine beabsichtigte Frage und reagierte mit: Sofort!

Auf dem Weg zum Parteisekretär fragte ich mich, ob er denn auf das Gespräch, das er mit mir kürzlich geführt hatte, zurückkommen wolle. Bei diesem Kaffeplausch fragte er mich wie beiläufig, ob mich meine Arbeit ausfüllen würde und ob ich mir auch eine andere Tätigkeit vorstellen könnte. Ich sagte ihm, dass ich mich über zu wenig Arbeit nicht beklagen könne und fügte – wie mir später bewusst wurde - etwas weltfremd hinzu: Wenn ich denn einen

Wunsch offen hätte, dann würde ich gern ein Literaturcafé betreiben. Ein was? fragte er und setzte nach: Hat Dich die Partei studieren lassen und dann auch noch promovieren lassen, um nun eine Kneipe aufzumachen? Das Gespräch endete für beide von uns nicht befriedigend, und so war ich gespannt, worum es ihm diesmal ging.

Die Sekretärin grüßte mich von ihrem Schreibtisch aus und deutete auf die offene Tür zum Zimmer des Parteisekretärs hin, der mich freundlich mit Handschlag empfing, auf die Sesselgruppe am Fenster wies und mich bat, Platz zu nehmen. Ohne große Kunstpause kam er gleich zur Sache: Ich komme gerade vom Präsidenten, sagte er, und er stimmte dem Vorschlag zu, der mit unserer Abteilung im Zentralkomitee und dem Vorsitzenden unserer Industriegewerkschaft abgestimmt wurde, wonach Du im nächsten Monat (das war der März 1984) den Vorsitz unserer Betriebsgewerkschaftsleitung (BGL) übernehmen wirst.

Dieser Vorschlag traf mich, als würde ich auf verkehrtem Fuß stehen. Nicht, dass ich mich nicht gesellschaftlich engagierte, nur begleitete ich Funktionen immer ehrenamtlich, aber nun hauptamtlich eine Funktion übernehmen zu müssen, verschlug mir fast die Sprache. Na, ich höre, unterbrach er meine Sprachlosigkeit. Ich erwiderte, dass ich doch wenigstens einen Tag Bedenkzeit haben möchte, um mich über diesen Vorschlag zu äußern. Bedenkzeit willst Du haben, fragte er etwas brüskiert. Bedenkzeit? Die Partei überträgt Dir eine verantwortungsvolle Funktion, und Du beanspruchst dafür ... Aber natürlich, setzte er fort, diese Bedenkzeit sei Dir unbenommen, nur musst Du wissen: Die Sache ist beschlossen, Genosse! Auf ihrer nächsten Sitzung wirst Du in die BGL des Berliner Bereichs unserer Akademie kooptiert und von deren Mitgliedern zu ihrem Vorsitzenden gewählt. Danach lädst Du die BGL-Vorsitzenden der Institute und Einrichtungen unserer Akademie außerhalb Berlins ein und stellst Dich ihnen als ihr neuer Vorsitzender des Kollektivs der BGL-Vorsitzenden und neues Mitglied im Zentralvorstand unserer Industriegewerkschaft vor. Das ist so durchgestellt und von oben auch so abgesegnet. Ach ja, fügte er noch hinzu, da ist noch folgendes: Der PKW, der bisher funktionsgebunden dem BGL–Vorsitzenden zur Verfügung stand, musste an den zentralen Fahrdienst zurückgegeben werden. Und was Deine Mitgliedschaft in den Kampfgruppen der Arbeiterklasse betrifft, so wirst Du diese beibehalten. Ich sagte, dass ich bisher noch keinen BGLer da gesehen hatte, worauf er erwiderte, dass ich doch wisse, welche Schwierigkeiten er hätte, junge Mitarbeiter für die Kampfgruppe zu gewinnen, und er für die Aufrechterhaltung deren taktischer Stärke auf mich nicht verzichten könne. Also, sagte er, dann wünsche ich Dir viel Erfolg in Deiner neuen Funktion, und sich aus seinem Sessel erhebend, reichte er mir die Hand und verabschiedete mich mit: Auf gute Zusammenarbeit.

Ich war dabei, meinen neuen Arbeitsplatz zu beziehen mit zimmerlanger Schrankwand, einem großen Schreibtisch vor der Fensterfront und einem noch wesentlich größeren die Tiefe des Raumes ausfüllenden Beratungstisch, als das Telefon läutete. Ein Institutsdirektor war am Apparat, der mich zu sich bat, um – wie er sagte – seinen neuen BGLer kennenzulernen. Dieser Direktor war ein noch aktiv im Wissenschaftlerleben stehendes Urgestein der Bauakademie, der bekannt war für seinen unprätentiösen Umgang mit Mitarbeitern und für seine zuweilen auch etwas hemdsärmelige Sprache. Und so empfing er mich mit den Worten: Du bist also der Neue, der zuständig ist für Essen, Trinken, Dummtun. Damit meinte er die Verantwortung der Betriebsgewerkschaft für das Ferienwesen, für kulturelle und sportliche Veranstaltungen und andere Feierlichkeiten, für die der Kultur- und Sozialfonds zur Verfügung stand.

Die Sekretärin betrat den Raum mit einem kleinen Tablett mit zwei dezent gefüllten Cognacschwenkern. Er stieß mit mir an und wünschte mir Erfolg. Nach einem kurzen Wortwechsel sagte er, dass bald ein halbrunder Jahrestag der Eröffnung der Bauakademie anstünde, und ob ich mir darüber schon Gedanken gemacht hätte, diesen würdig zu begehen. Ich verneinte ganz offen, woraufhin er sagte: „Wie wäre es, dafür eine Theateraufführung vertraglich zu binden, vielleicht eine mit dem Deutschen Theater?"

In einer Präsidiumssitzung habe ich diesen Vorschlag unterbreitet mit einer mit dem Deutschen Theater vorabgestimmten Aufführung. Dem Vorschlag wurde zugestimmt, einschließlich Auszeichnungsakt nach der Aufführung auf der Theaterbühne und Kaltem Buffet im Foyer.

Zur Aufführung gelangte Senecas Tod von Peter Hacks. Seneca, der Philosoph und Dichter, war einst Erzieher und später Berater des römischen Kaisers Nero, der - mit Günstlingen umgeben - zum zügellosen despotischem Herrscher geworden war. Als ein großer Teil Roms niederbrannte, erkannte Nero darin eine Verschwörung der Christen Roms gegen ihn. Er ließ die Christen verfolgen und schlug deren Verschwörung nieder.

Hacks dramatisiert den letzten Tag im Leben Senecas, den Nero der Teilnahme an der Verschwörung beschuldigt und zur Selbsttötung verurteilt. In dem Ensemble der Aufführung des Deutschen Theaters brillierte Eberhard Esche mit Bezügen zu aktuellen Ereignissen, mit mundartiger Sprache nicht geizend. Als es dann auch noch tönte: Abriss der Mauer, und erwidert wird: Wird besorgt, war ich besorgt, denn die politische Tragweite von Hacks´ Seneca wurde mir erst peu à peu von Akt zu Akt der Aufführung bewusst. Dass danach politisch nicht nachgekartet wurde, erleichterte mich damals schon.

Weniger erleichtert, ja geradezu fassungslos, war ich nach einer anderen Veranstaltung. Ich hatte, unterstützt durch eine Mitarbeiterin unseres Stadtbezirks, einen Vertrag mit der Schauspielerin Blanche Kommerell geschlossen, die auf erfolgreicher Lesetour war mit Christa Wolfs Erzählung Kassandra. Frau Kommerell, die mir bis dahin in Erinnerung war in der Rolle der kleinen süßen Dirne mit dem roten Käppchen in dem DEFA – Märchenfilm Rotkäppchen, war sehr freundlich und entgegenkommend und sogar, wie mir schien, erfreut über eine Lesung am zentralen Sitz unserer Einrichtung.

Mit Aushängen und in persönlichen Gesprächen warb ich um rege Teilnahme an dieser Veranstaltung und wurde doch arg enttäuscht. Von einigen Mitarbeiterinnen unseres Stadtbezirkes abgesehen, war ich an diesem Abend im Dezember 1988 als Gastgeber der einzige Teilnehmer.

Was, um Gottes Willen, ging da nur vor sich. In Gesprächen in Arbeitskollektiven wurde die Bemerkung: Achtung! Feind hört mit, geradezu zu einem geflügelten Wort, und die Arbeitsatmosphäre insgesamt schien mir zunehmend lustloser, träger bis gleichgültiger. Sollte das Desinteresse an der Buchlesung ein Ausdruck des stillen Protestes gegen jedwede zentrale Veranstaltung sein? Dabei wäre sie eine Möglichkeit gewesen, miteinander ins Gespräch zu kommen, stellte doch Christa Wolf ihrer Kassandra die Goethe-Worte voran: Diesem düsteren Geschlecht ist nicht zu helfen; man musste nur meistenteils verstummen, um nicht, wie Kassandra, für wahnsinnig gehalten zu werden, wenn man weissagte, was schon vor der Tür steht.

Blanche Kommerells Vortrag war sprachlich fesselnd und mit einer Gestik, als würde der Raum probevoll von Zuhörern sein. Anschließend saßen wir bei einem kleinen Buffet zusammen und sprachen angeregt über die Kassandra, so, als hätte es das Missgeschick des vermeintlichen Desinteresses nicht gegeben.

War das die Retourkutsche für die Seneca - Aufführung, für die ja der Parteisekretär und der Präsident Mitverantwortung trugen, während ich für die Kassandra – Aufführung allein zuständig war? Wie es auch gewesen sein mag, in der Folgezeit ging das alles nicht spurlos an mir vorüber.

In einer Präsidiumssitzung folgte ich einmal gar nicht mehr der zur Diskussion gestellten Thematik und verharrte wortlos auf die Aufforderung des Präsidenten, mich zu äußern, worauf er barsch reagierte mit: „Die Gewerkschaft hat natürlich wieder mal keine Meinung."

Ich ging mit mir selbst ins Gericht, um nervlich aus einer Art Hamsterrad herauszukommen. Hätte man mir damals gesagt, dass es einmal eine logische Sekunde für mich geben würde, hätte ich klarer gesehen, aber so...

So war ich eingebunden in das ritualisierte Leitungsgeschehen, das sich wie eh und je vollzog. Da lag ein Schwerpunkt auf der Organisierung des sozialistischen Wettbewerbs, für den die Gewerkschaft zuständig war, ganz in Leninschem Sinne Transmissionsriemen der Partei zu sein. Das hieß, die Beschlüsse der Partei in die Arbeitskollektive zu tragen und für die Erfüllung und Übererfüllung der staatlichen Aufgaben zu kämpfen und deren politisch-ideologischen Gehalt in den Schulen der sozialistischen Arbeit zu vermitteln.

Die staatlichen Aufgaben wurden dem Präsidenten vom zuständigen Beauftragten des Ministers erteilt, vor dem deren Ergebnisse auch zu verteidigen waren. Bei dem Aufeinandertreffen der beiden Genossen herrschte eine für mich nicht leicht zu beschreibende Atmosphäre.

Der Präsident wurde unter den Mitarbeitern kurz Präsi genannt und unter leitenden Genossen auch Peitsche, da dessen Unterschrift sich reduzierte auf den Anfangsbuchstaben seines Namens, so dass man diese als eine solche deuten konnte, während man den Namen des Beauftragten des Ministers zurück verfolgen konnte bis auf ein Geschlecht von Scharfrichtern im Mittelalter. Der Beruf des Scharfrichters war ausgestorben, aber da war dieser Blick ... Und so apostrophierte ich für mich diese Treffen der beiden als: Peitsche trifft auf Scharfrichter. Das wäre der Erwähnung heute nicht mehr wert, wenn sich da nicht Dinge ereignet hätten, die erzählt werden wollen. Da ist ein Ereignis, um dessen Brisanz zu verdeutlichen, ich etwas weiter aushole.

Am 21. August 1980 erschreckte Berliner ein lauter Krach, und die aufsteigende Rauchsäule wurde dahingehend gedeutet, dass am Brandenburger Tor ein Anschlag auf die Mauer verübt worden sei. Tatsächlich war im westberliner Tiergarten das weit ausschwingende Dach der Kongresshalle eingestürzt. Dieses Bauwerk, das wegen seiner Dachform von Westberlinern Schwangere Auster getauft wurde, war anlässlich der Internationalen Bauausstellung Interbau 1957 von der US-amerikanischen Besatzungsmacht errichtet worden.

Dieses Ereignis des Einsturzes kommentierte der Präsident der Bauakademie der DDR hinlänglich mit der Bemerkung, dass sich so etwas in unserer sozialistischen Wirtschaft nie ereignen könne.

Ja, sag niemals nie! War mein Nie damals von persönlichem Belang, so war dieses Nie von dramatischer volkswirtschaftlicher Tragweite. Ereilte die Katastrophe im Tiergarten ein einzelnes Bauwerk, dessen Dachfläche eine Spannbetonkonstruktion war, so handelte es sich bei uns um Spannbetonschwellen, die in großer Serie für die Deutsche Reichsbahn (den Eisenbahnbetrieb in der DDR) gefertigt wurden, und deren Schadensfälle sich dramatisch häuften. Die Inspektion des Ministers, die eine Struktur der Staatssicherheit war, sprach unmissverständlich von Sabotage, und der Beauftragte des Ministers forderte vom Präsidenten, Vorbereitungen für die Gründung eines Institut für Betonforschung aus dem Personalbestand der Bauakademie zu treffen. Da beide Genossen auf keinen gemeinsamen Nenner kamen, das Schwellendesaster aber schon den Ministerrat beschäftigte, erklärte ein Staatssekretär, künftig für die Belange der Bauakademie zuständig zu sein. In der ersten Beratung sagte er, dass die Bauakademie als zentrale Forschungseinrichtung des Bauwesens den Personalbestand von gegenwärtig viertausend auf fünftausend Mitarbeiter zu erhöhen und die Gründung des neuen Instituts zu forcieren habe. Der Oberkörper des Präsidenten plusterte sich auf und ein deutliches Ho – ho! richtete er an die Adresse des bisherigen Beauftragten des Ministers, der am

Katzentisch des Staatssekretärs saß und der, dem Ausruf des Präsidenten ausweichend, seinen Blick in die Tischblatte bohrte.

Beide beschriebenen Fälle hatten – wie man heute weiß - ein und dieselbe Schadensursache: saures, weil schwefelhaltiges Wasser, Regenwasser. In die Dachfläche der Kongresshalle drang über einen langen Zeitraum solches Wasser ein, das die Stahlbewehrung rosten ließ, dessen Vorgang man Spannungsrisskorrosion nennt, die schließlich zu deren Einsturz führte. In die Betonschwelle drang solches Wasser ein und ging mit einer im Zement enthaltenen chemischen Verbindung in Lösung, die zur sogenannten späten Ettringitbildung führte. Beim Aushärten des Ettringits vergrößert sich sein Volumen jedoch um bis das Dreifache und trägt die wohlklingende Bezeichnung Trigonales Kristallsystem, auch Zementbazillus genannt. Steter Tropfen höhlt den Stein ist eine Redensart, ein hohles Wort wie man auch sagt. Der stete Tropfen sauren Wassers war es für den Betonstein der Schwelle nicht, denn der zerbröselt in seinem Endstadium einem Zwieback gleich. Die Kongresshalle wurde wieder aufgebaut und am 9. Mai 1987 anlässlich der 750–Jahr–Feier Berlins als Haus der Kulturen der Welt eröffnet. Die vom Zementbazillus befallenen Schwellen aber türmten sich noch Jahre nach der politischen Wende in riesigen Halden auf Betriebsgeländen, deren Eigentümer nun die Deutsche Bundesbahn war.

Doch bis es dazu kommen sollte, bereitete sich die Republik auf den 40. Jahrestag ihrer Gründung vor. An diesem Feiertag, dem 7. Oktober 1989 erhielten wir Kämpfer der Kampfgruppen den Befehl, uns als Ordnungskräfte in Zivil im Speisesaal des Hauses der Elektroindustrie im Norden des Alexanderplatzes in Reserve bereit zu halten. Wir vertrieben uns die Zeit mit allerhand Belanglosigkeiten, da keiner von uns angefordert wurde, als am späten Nachmittag ein Kämpfer auf mich zukam und los werden wollte, was er gerade erlebt hatte.

Im Prenzlauer Berg habe er in einer Nebenstraße einen Ikarus-Bus gesehen, in dem Mitarbeiter der Staatssicherheit sich als Skinheads verkleideten und die Volkspolizei provozierten, die daraufhin gegen anrückende Demonstranten vorging. Meiner Ungläubigkeit begegnete er mit den Worten:

„Geh raus und guck Dir das an!"

Ich kannte ihn und wusste, er ist kein Aufschneider oder gar Scharfmacher. Wir lagen einmal während einer Gefechtsübung nebeneinander und hoben unsere Schützenmulde aus, als er sagte:

„Du bist ja nun aufgestiegen, aber der einzige von da oben, der sich hier unten mit uns in diesem Drecke sielt."

Ich erwiderte, dass ich als BGLer lediglich das Recht habe, an Sitzungen des Präsidenten teilzunehmen.

„Aber wehe", entgegnete er mir, „Du nimmst dieses Recht nicht wahr, dann wird Dir der Parteisekretär aber einen Einlauf machen."

Wo er Recht hatte, hatte er Recht, und so verließ ich unsere Unterkunft. Auf dem vor mir liegendem Alexanderplatz erkannte ich nichts Ungewöhnliches. Aber der Bereich zwischen Karl-Liebknecht- und Alte-Schönhauser-Straße war von der Volkspolizei in Richtung Luxemburg-Platz abgesperrt, doch ich konnte sehen, wie in den Straßen LKWs mit vorgepflanzten schneepflugartigen Absperrgittern Demonstranten den Weg in das Zentrum versperrten, und in nördliche Richtung abdrängten. Das diffuse Licht der Scheinwerfer, die martialische Bewegung der LKWs, das monotone Geräusch ihrer Motoren, deren Abgasschwaden, die fliehenden Demonstranten, das Durcheinander lautstarker Proteste, all das machte mich sprachlos, ja fassungslos.

Nach einer unruhigen Nacht lehnte ich morgens an meinem Schreibtisch, guckte stoisch aus dem Fenster und hatte eine völlige Leere im Kopf, als mich eine mir bekannte Stimme ansprach:

„Peter, wir müssen was machen!"

Ich drehte mich um, ging auf die Stimme zu und sagte etwas zögerlich:

„Ja - wir müssen was machen."

„Und was werden wir machen?"

„Wir werden einen Brief schreiben!"

„Gibst Du mir einen Entwurf?"

„Natürlich, komm bitte nachmittags noch mal vorbei."

Es war die Stimme einer jungen Kollegin, Vertrauensfrau einer wissenschaftlichen Abteilung, mit der ich gelegentlich ins Gespräch kam, wenn ich meiner Tee-Zeremonie frönte. Die hatte ich meinen beiden Kolleginnen, die die operative Arbeit im Vorzimmer bravourös meisterten, ausbedungen.

Wir hatten auf unserem Gang einen kleinen Raum mit Gasherd, Spüle, einem Tisch und zwei, drei Stühlen: unsere Hexenküche.

Die junge Kollegin war ein brünetter Lockenkopf, nett und adrett, freundlich im Umgang und von gesundem Tatendrang. Es lag schon etwas länger zurück, als sie mir sagte, dass ihre beiden Kinder aus dem Gröbsten raus seien und sie als Teilkonstrukteurin im Rahmen eines Frauensonderstudiums ein Maschinenbaustudium absolvieren würde und sie das mit ihrem Mann so vereinbart habe. Und nun – um aus der für mich ausweglos erscheinenden Situation herauszukommen - hatte sie auch noch die mich endlich in Bewegung setzende Intuition.

Ich sagte meinen beiden Kolleginnen im Vorzimmer, dass ich nicht gestört werden möchte und begann zu schreiben: OFFENER BRIEF AN DEN VORSITZENDEN DES BUNDESVORSTANDES DES FREIEN DEUTSCHEN GEWERKSCHAFTSBUNDES. Die Worte purzelten auf das vor mir liegende jungfräuliche weiße Blatt Papier, als hätte mein Kopf sie schon lange mit sich herumgetragen. Ich übte eingangs Kritik an den herrschenden Zuständen, an der Untätigkeit des Vorstandes und forderte in an die zehn Punkte erforderliche Veränderungen. Das vierseitige Papier unterschrieben wir 17 Vorsitzenden der Gewerkschaftsleitungen der Institute, der Einrichtungen und der Zentrale auf einer Beratung am 25. Oktober 1989, auf der wir auch beschlossen, Gewerkschaftswahlen basisdemokratisch durchzuführen. Wir neu gewählten Vorsitzenden konstituierten uns zum Gewerkschaftsrat, dessen Primus inter Pares ich wurde.

Am 9. November 1989 fiel die Mauer, der antifaschistische Schutzwall wie sie propagandistisch hieß. Unsere Freude, die Freude derer, die deren Fall begrüßten, schien grenzenlos. Welchen Preis aber würde diese Freiheit haben?

Der Präsident ließ uns wissen, dass angesichts der Lage die Institutsdirektoren künftig für die Auftragsbeschaffung zuständig seien, und dass infolge mangelnder Aufträge 500 bis 600 Mitarbeiter entlassen werden müssten; da es jedoch unmenschlich wäre, die Kündigungen noch vor Weihnachten auszusprechen, würde das erst im neuen Jahr erfolgen.

Die Stimmung kochte über. Ich lud alle über 200 Vertrauensleute zu einer Vollversammlung in den Plenarsaal der Bauakademie nach Berlin ein, auf der der Präsident von Missverständnissen sprach und um Erläuterung bemüht war. Ein erster Diskussionsredner stellte die Frage an den Präsidenten: Stimmt es, dass Sie in diesem Sommer Urlaub mit der ganzen Familie im für uns bis dahin nicht erreichbaren westlichen Ausland, in Österreich gemacht haben? Da der Präsident nicht geneigt war, darauf zu antworten, sammelte ich weitere Fragen: Stimmt es, dass Sie Ihren Dienstwagen Peugeot auch privat nutzen? Stimmt es, dass Sie von einer Köchin mit eigener Küche bekocht werden, während wir über zehn Jahre in einer Baracke versorgt wurden, einer Rattenburg, die baupolizeilich hätte gesperrt werden müssen? Stimmt es, dass Sie in VERSINA, dem Großhandel der diplomatischen Vertretungen einkaufen zu einem Preisverhältnis von einer DDR-Mark gleich einer D-Mark? Stimmt es, dass ein hoher Parteifunktionär korrespondierendes Mitglied der Bauakademie wurde, um dessen Gehalt aufzubessern? Stimmt es, dass Sie Honecker und Mittag für deren Ehrenmitgliedschaft der Bauakademie jährlich einen fünfstelligen Betrag überweisen? Stimmt es, das...

In den Fragen lag die Antwort. Das war die Krux. Der Präsident stand mit dem Rücken zur Wand, sodass er die Flucht nach vorn antrat und versprach, was die Mehrheit der Kollegen - die keine Lust hatten, seine schmutzige Wäsche zu waschen – hören wollte, eine Arbeitsgruppe Auftragsbeschaffung zu berufen, um die Weiterbeschäftigung der Mitarbeiter zu sichern. Das hieß: Neuer Wein in alte Schläuche. Die alten Schläuche waren vorhanden, woher aber sollte der neue Wein kommen?

Ein Mitglied des Gewerkschaftsrates rief mich an, der – sich für die Glaubwürdigkeit seiner Information verbürgend – sagte, dass der Präsi im Westen gesehen worden sei, der sich bei großen Banken als Berater versuchte anzudienen.

Kurz darauf erhielt ich einen Anruf von unserem Hauptbuchhalter. Er sprach mich an – obwohl wir uns duzten – mit Herr und Titel und Namen und sagte, was mich stutzen ließ, und ich ihn bat, den Satz zu wiederholen. Er wiederholte:

„Der Präsident hat festgelegt, Ihnen ab April dieses Jahres kein Gehalt mehr zu zahlen!"

Danach legte er den Hörer auf.

Ich schloss mich kurz mit den Mitgliedern des Gewerkschaftsrates und wir beschlossen, ein Misstrauensvotum gegen den Präsidenten einzuleiten.

Zwei Institute und zwei Einrichtungen außerhalb Berlins erklärten, nicht mehr an die Weisungsbefugnis des Präsidenten gebunden zu sein, wodurch die Anzahl der Stimmberechtigten um ca. 1000 Mitarbeiter sank. Am Votum beteiligten sich 62,3 Prozent der verbliebenen Belegschaft; 91 Prozent votierten für die Abberufung des Präsidenten.

Am 12. April 1990 wurde nach freien und geheimen Wahlen Lothar de Maiziere neuer Ministerpräsident der DDR. Der neu berufene Bauminister unterstützte unser Begehren nach Abberufung des Präsidenten und legte fest, diese im Beratungsraum des Präsidenten durch einen von ihm Beauftragter vorzunehmen. Und dieser neue

Beauftragte war der alte. Noch einmal sollte ich einem Treffen beiwohnen: Peitsche trifft auf Scharfrichter.

Im Beratungsraum gab es eine Veränderung. Das Honecker-Bild, das über dem Platz des Präsidenten an der dahinter aufsteigenden Wand hing, hatte der Büroleiter ausgetauscht durch einen Kunstdruck von van Goghs Café-Terrasse am Abend, in dessen Originalgröße, die den Abdruck, den das Honecker-Bild hinterlassen hatte, überdeckte.

Der Präsident saß mit seinem Büroleiter zur Rechten mir gegenüber, während der Beauftragte des Ministers auf dem Stuhl Platz genommen hatte, der doch der angestammte des Präsidenten war, und eröffnete das Prozedere.

Mein Blick aber folgte dem Auge van Goghs, der an einem Abend von einem Platz aus auf eine von Gästen belebte Terrasse mit heruntergelassener Markise schaut, die vom grellen Licht einer Gaslaterne hell beleuchtet wird. Ich bin wie geblendet von dem Gegensatz von nächtlichem Dunkel und greller Helle und erinnere mich, wie ein Kollege den Fluchtpunkt der Tiefenperspektive suchte, den es nicht gibt, weil für den Meister ein Körnchen Verrücktheit das beste an der Kunst war.

Was sich im Beratungsraum jedoch abspielte, war weniger kunstvoll, dafür umso verrückter. Der Beauftragte des Ministers hatte das Wort dem Präsidenten erteilt, der jedoch seinen Büroleiter für sich sprechen ließ. Nachdem dieser in überbordender Redundanz die Bemühungen des Präsidenten zur Neuprofilierung der Bauakademie hervorgehoben hatte, beklagte er sogleich, dass der Beauftragte die Diskussion darüber für nicht erforderlich hielt. Er kritisierte in scharfen Worten das Vorgehen des Gewerkschaftsrates, der eine Atmosphäre der Spannung und der Verleumdung geschaffen habe. Er erklärte das Misstrauensvotum für nicht rechtens, indem er von der nicht mehr der Realität entsprechenden Zahl von über 4.000 Beschäftigten ausging. Und schließlich pries er die Haltung des Präsidenten, der aus Gründen der Seriosität und der wissenschaftlichen

Würde den Herrn Ministerpräsidenten gebeten hatte, ihn von seinen Pflichten als Präsident der Bauakademie zu entbinden.

Danach waren die Blicke auf mich gerichtet, doch ich schüttelte nur mit dem Kopf, worauf der Beauftragte aufstand und zur Übergabe der Urkunde schritt, während ich aufstand und den Raum verließ und dachte: wie peinlich, gleisnerisch, lügnerisch, widerlich verrückt. Schien der eine oder andere verrückt, oder spielte die Zeit verrückt?

Ich begegnete einem leitenden Arzt der Bauarbeiter-Poliklinik, der mit Sorge mir sagte, dass er seiner normalen Tätigkeit nicht mehr nachkommen könne, da er überwiegend mit Suizidgefährdeten beschäftigt sei und gerade auf dem Weg ist zu Professor Kurt Liebknecht, dem Neffen Karl Liebknechts und ersten Präsidenten der Bauakademie. Als ich nach einem Kollegen fragte, mit dem ich mich gelegentlich unterhielt, sagte man mir: Er hat sich umgebracht. Ein Institutsdirektor, der das Haus am Horn, einen Gropius-Bau bewohnte, hatte mich einmal eingeladen, um am Beispiel dieses Hauses mit mir über das Konzept des Bauhauses zu diskutieren. Nun hatte er Selbstmord begangen, der auch durch die Presse ging. Als ich den Persönlichen Referenten des Ministers traf, den ich aus meiner Zeit im Ministerium kannte, schilderte er mir, wie er den Minister tot vom Kreuz des Kellerfensters seines Hauses habe nehmen müssen. Und dann stand ohne Ankündigung der Parteisekretär in der Tür zu meinem Arbeitszimmer. Er hatte noch vor der Wende diese Funktion von dessen Vorgänger, dessen Stellvertreter er war, übernommen. Er stand in der Tür und sagte, ich sei sein BGLer und solle mich um sein Gehalt kümmern. Ich erwiderte, dass er doch wisse, dass es mit der verfassungsrechtlich verbrieften führenden Rolle der SED vorbei sei, und dass er sich damit an die Partei wenden müsse. Er drehte sich um, wiederholte meinen Satz und ging grußlos. Als ich erfuhr, dass er gestorben war – im Alter von vierzig Jahren – machte ich mir Vorwürfe, die Situation, als er bei mir in der Tür stand, verkannt zu haben.

Die Wirren dieser Zeit sollten abebben mit dem sich abzeichnenden Beitritt der DDR zur BRD. Am 3. Oktober 1990 trat der Einigungsvertrag in Kraft, in dem auch die Zuständigkeit für die Bauakademie geregelt wurde, die nach der Abberufung des Präsidenten auf Vorschlag des Gewerkschaftsrates durch einen Ausschuss geschäftsführend geleitet wurde.

Je ein Vertreter eines ostdeutsche Bundeslandes, in dem es ein Institut oder eine Einrichtung der Bauakademie gab, hatten unter dem Vorsitz eines Beamten aus der Noch-Hauptstadt Bonn die Aufgabe, die wissenschaftlichen Kapazitäten zu bewerten, erhaltenswerte in ländereigene Strukturen überzuführen und die Bauakademie insgesamt zum 31. Dezember 1991 aufzulösen.

In einer ersten Zusammenkunft äußerte der Vertreter des Landes Berlin (ein Beamter der bisherigen westberliner Senatsverwaltung) etwas ungehalten: Warum machen wir es uns so kompliziert. Reden wir doch darüber, diese Bauakademie als Ganzes sofort aufzulösen. Natürlich ein Westberliner, stieß es mir etwas unbekömmlich auf; denn an eine westberliner Person hatte ich noch immer eine ungute Erinnerung.

Im Jahre 1954 nahmen wir Mitglieder der FDJ, der Freien Deutschen Jugend, als Schüler der 9. Klasse der Oberschule am Deutschlandtreffen in Berlin, der Hauptstadt der DDR teil. Ich war schon etwas aufgeregt, was da auf uns zukommen würde, und wollte nicht so recht glauben, was eine mir nahe Verwandte, die mir in Erinnerung war als das Mädel in dem braunen Jäckchen der Deutschen Jungmädel, erzählte, was sie 1951 nun als FDJlerin anlässlich der Weltfestspiele der Jugend und Studenten in Berlin erlebt hatte.

In großen Gruppen sagte sie, seien sie von Ost- nach Westberlin gezogen. Dort demonstrierten sie gegen den westdeutschen Separatstaat (der im August 1949 aus den drei westlichen Besatzungszonen hervorgegangen war und für sich in Anspruch nahm, für ganz Deutschland zu sprechen), gegen die Wiederaufrüstung Westdeutschlands, gegen seine Aufnahme in den Nordatlantikpakt

(Nato), gegen die Vertiefung der Spaltung und für die Einheit Deutschlands. Gegen die Demonstranten zogen Einheiten der Stumm-Polizei (so genannt nach dem westberliner Polizeipräsidenten Stumm) mit Gummiknüppeln und Wasserwerfern, und dann saß sie mit anderen FDJlern auch noch einen ganzen Tag eingelocht in einem Stumm-Knast.

Wir fuhren also im späten Frühjahr des Jahres 1954 in Güterwaggons, von uns auch Viehwagen genannt, von Dresden nach Berlin, wo wir untergebracht waren auf Dachböden noch bewohnbarer Häuser im Baumschulenweg. Tagsüber demonstrierten wir im Zentrum der Stadt, Kampf- und Arbeiterlieder singend. Von Demonstrationen in Westberlin war nicht die Rede, als am späten Nachmittag ein älterer FDJler, mit dem ich mich interessiert unterhalten hatte, auf mich zukam und sagte: Komm mit! Wohin? fragte ich. Er wiederholte nur seine Aufforderung.

Wir gingen in einer Gruppe zu viert von unserer Unterkunft in eine Richtung, in der wir bald in einem Westsektor standen. Aus einer enttrümmerten Brache ragte ein Gebäude heraus wie der Kuchenzahn einer Märchenhexe. Dieses Haus hatte ein Eckgeschäft, das wir betraten. Da gab es Zeitungen und Zeitschriften, bunt wie ich sie noch nie gesehen hatte, Zigaretten, die nur meine Begleiter interessierten, und eine Vitrine mit Süßigkeiten in glitzernder Verpackung. Diese Vitrine hatte mich angezogen wegen ihres Duftes und ich las: Schokolade. Die kannte ich nur vom Hörensagen, denn wir hatten nur einen Schokoladenersatz, und der nannte sich Vitalade, mit weniger anziehendem Duft. Während meine Begleiter draußen schon eine rauchten, sprach die Verkäuferin mich an:

„Na, Kleener, hast keen Jeld, wa? Kommst aus'm Osten, wa? Na, dat seh ick doch! Na, ick will ma ni so sein", sagte sie, griff in die Vitrine, nahm ein Glitzerstück, um es mir zu geben. Doch ich drehte mich um und ging und dachte: Woran will die seh'n, dass ich aus'm Osten bin und verließ den Laden. Ich fühlte mich gekränkt.

Dieses Jahr 1954 hatte für mich noch eine Besonderheit. Mein Geschichtslehrer ließ mich nach dem Deutschlandtreffen wissen, dass ich in seinem Fach eine Vier erhalten würde. Ich hatte bereits eine, und die zweite Vier bedeutete, dass ich nicht versetzt werden würde. Und so kam es auch. Mein Vater, der in mir immer das sah, was ihm nicht vergönnt gewesen war, einen Maschinenbauingenieur, redete auf mich ein, die 9. Klasse noch einmal zu wiederholen; doch ich wollte meinem Geschichtslehrer nicht den Triumph überlassen, auf mich mit dem Finger zu zeigen und zu rufen: Da ist er, der Sitzenbleiber! Später, wenn ich eine neue Arbeit antrat, fragte die Kaderleitung schon, warum ich sitzengeblieben war. Gelassen konnte ich damals darauf antworten, dass meinem Geschichtslehrer meine Geschichten in Geschichte nicht gefielen. Doch dann machte ich mir einen Gedanken des Satirikers Soschtschenko zu eigen. Michail Michailowitsch war auf Geheiß Stalins aus dem Schriftstellerverband 1946 ausgeschlossen worden, was bedeutete, dass er nicht verlegt werden durfte und damit keine Einkünfte hatte. Als seine Werke wieder veröffentlicht wurden, ist mir in Erinnerung geblieben: Geschichte fand ich eigentlich auch interessant, nur nicht das Buch, nach dem wir unterrichtet wurden.

Und jetzt, im wieder vereinigten Deutschland, erlebte ich wieder eine Person aus Westberlin, und ich fragte mich, was diesen Mann wohl antrieb. Bald sollte ich es erfahren. Ihn trieb an sein künftiger leitender Posten in einer privaten Wohnungsbaugesellschaft, die aus einer ostberliner kommunalen Wohnungsverwaltung samt Wohnungsbestand hervorgegangen war. Da war er unter anderem verantwortlich für den Neubau einer Reihenhaussiedlung, die sich zu einem Bauskandal auswuchs, nicht nur Fragen der Bautechnik, sondern auch der Finanzierung betreffend. Mit diesem Fall landete er vor dem Kadi, als ich Berlin für längere Zeit den Rücken kehrte. Doch noch ging es um die Überleitung unserer Einrichtung, für die eine Stelle geschaffen wurde, deren Leitung ein Ministerialdirigent a. D. aus Bonn übernahm, der unseren Gewerkschaftsrat als Gesamtpersonalrat anerkannte, und der mich wissen ließ, stets offen zu sein für unsere Belange. Einen triftigen Grund für ein Gespräch hatte ich auch bald.

Nach der Abberufung des Präsidenten hatten wir mit unserer Industriegewerkschaft ein Sozialschutz-Abkommen abgeschlossen, wozu der Präsident in der Wendezeit nicht zu bewegen war. In diesem Abkommen wurde unter anderem auch die Zahlung von Abfindungen geregelt für den Fall von betriebsbedingter Kündigung oder Inanspruchnahme des Vorruhestandes.

Ich hielt einen Vorgang der Hauptbuchhaltung in der Hand, in dem die Abfindung für den ehemaligen Präsidenten zur Zahlung angewiesen war, und äußerte unserem neuen Leiter gegenüber mein Unverständnis darüber. Nachdem er einen Blick auf den Vorgang geworfen hatte, schaute er mich an wie ein väterlicher Freund und sagte, dass die Zeit des Wohlfahrtsausschusses nun vorbei sei, und dass der ehemalige Präsident Anspruch auf seine bürgerlichen Rechte habe.

Zwar hatte ich mich bisher nicht als jakobinischen Terroristen gesehen, aber ich hatte begriffen, das Vergangene Vergangenheit sein zu lassen, und nach vorn zu schauen.

Nach vorn schauen hieß, mich meiner neuen Arbeitsaufgabe zu widmen: der Weiterbildung. Da ging es vor allem um das umfangreiche neue Regelwerk des Baurechts, aber auch um Grundfragen des gesamten neuen Rechts. Der Altbundeskanzler Helmut Schmidt faste das einmal zusammen, als er sagte, dass den zur BRD Beigetretenen über 60. 000 neue Paragraphen übergeholfen wurden. Es war eine Zeit, in der man uns – um einen Vergleich zu bemühen – wie einem Pferd im gestreckten Galopp die Hufe wechselte.

Meine neue Vorgesetzte, eine Beamtin aus der ehemaligen westberliner Senatsverwaltung, bestellte mich zu sich, um mit mir über das auszuarbeitende Curriculum, das mir bis dahin als Lehrplan bekannt war, zu sprechen. Während unseres Gesprächs klingelte ihr Telefon. Ich erkannte an ihren Fragen und Erwiderungen, dass es ihr Mitarbeiter war, aus gleicher Senatsverwaltung, der ihr zur persönlichen Unterstützung zur Verfügung stand, und der ihr mitteilte, dass er sich beim sonntäglichen Fußballspiel eine Verletzung zugezogen habe, aber versuchen würde, so bald als möglich auf Arbeit zu erscheinen. Meine Vorgesetzte sprach emphatisch auf ihren Mitarbeiter ein, dass er seine Verletzung gründlich auszukurieren habe, denn schließlich sei er Beamter und habe als solcher eine Gesunderhaltungspflicht. Dieses Gespräch ist mir wohl in Erinnerung geblieben wegen des von ihr gesprochenen letzten Wortes: Gesunderhaltungspflicht.

Danach folgte ich der Empfehlung meiner neuen Vorgesetzten und verabredete mich mit einem Bildungsträger, der besondere Reputationen für die uns interessierenden Bildungseinheiten vorzuweisen hatte. Als ich das Sekretariat betrat, kam mir ein Mann entgegen, der sich in vollendeter Höflichkeit dafür entschuldigte, dass der Herr, der sich mit mir verabredet hatte, in einer dringend anberaumten Sitzung wäre, und der mich bitten würde, mit ihm einen neuen Termin zu vereinbaren.

Der Mann, der mir gegenüberstand, war ein Kollege von mir, ein ehemaliger wie ich jetzt richtigerweise sagen muss. Wir beide waren auch Kämpfer in einer Hundertschaft gewesen, in der er der Possenreißer vom Dienst war. Wenn wir beim Waffenreinigen waren, oder Putz- und Flickstunde hatten oder ähnliches, und die Truppe aufgeheitert werden wollte, fand sich bald einer, der rief: Einen Witz! Dann war es eben dieser Kollege, der aufgefordert war, und der ein schier unerschöpflich scheinendes Reservoir davon in petto hatte. Aber auch in anderen Situationen war er diesbezüglich unschlagbar.

Einmal mussten wir zu einem feierlichen Anlass den Paradeschritt exerzieren. Jeder dafür bestimmte Kämpfer hatte den vor versammelter Hundertschaft auszuführen. Einem Kämpfer wollte dieser Schritt partout nicht gelingen, und prompt ertönte es mit lauter Stimme: Der kreist mit dem Arsch wie eine indische Tempelhure!

Die ganze Hundertschaft grölte, und der Kommandeur verbat sich diese Ordnungswidrigkeit mit dem Befehl: Ruhe im Glied! Auf diesen Befehl zur Unzeit gab es nun gar kein Halten mehr, und es kam der Befehl: Zur Pause weggetreten! Na, warum denn nicht gleich so, war der abschließende Kommentar des Kämpfers damals, meines ehemaligen Kollegen, des Mannes, der jetzt vor mir stand. Er hatte einen Fixpunkt hinter mir ausgemacht, den er anstarrte, wortlos. Worauf ich mich schließlich umdrehte und ging, grußlos.

Von wenigen solcher Fälle abgesehen, waren Begegnungen meistens willkommen, denn die Zeit brachte viel Neues mit sich. Besonders herzlich war die Begegnung mit der mir bekannten Vertrauensfrau, mit der ich zusammentraf - als ein Platzregen nieder gegangen war - unter der Brücke am Bahnhof Zoo in Westberlin. Sie wollte sofort ins Bild gesetzt werden, wie es um die Bauakademie stünde, woraufhin ich fragte, wo sie denn abgeblieben wäre. Sie sagte, dass sie jetzt auf einem Friedhof arbeite, was mich überraschte, und sie mich wissen ließ, wie interessant es sei, wenn die Gräber begännen zu sprechen. Sie führe als freie Mitarbeiterin Führungen durch, was sich sehr gut mit ihrer häuslichen, familiären Arbeit vereinbaren ließe. Ja, aber… Du meinst, viel sie mir ins Wort, was mit dem Frauensonderstudium ist. Das gäbe es ja nicht mehr, das wüsste ich doch. Es sei eben nicht alles schlecht gewesen früher. Und es sei aber auch nicht alles gut gewesen, und – darin stimmten wir überein – des Nicht-Guten war es zu viel.

So plötzlich wie es begonnen hatte zu regnen, hörte es auch wieder auf. Sie schaute auf ihre Armbanduhr und sagte: Oh, meine Zeit läuft mir davon. Besuch mich doch mal in meiner toten Stadt, wenn Du Zeit hast. Kriegst auch eine Sonderführung. Sie setzte sich auf ihr Fahrrad, fuhr die Hardenbergstraße entlang und war im Dickicht des Verkehrs bald nicht mehr zu sehen.

Die tote Stadt blieb für mich tot, weil mich das Leben anderweitig im Griff hatte. Da suchte mich ein Kollege auf, ein ehemaliger, und fragte mich, wie es um mein Russisch stünde. Ich sagte, dass ich damit nichts am Hut hätte, da ich dabei wär, intensiv Westdeutsch zu lernen. Das würden wir Ostler doch jetzt alle tun, und erläuterte den Grund seines Kommens.

Er habe bei einem westdeutschen Konzern angeheuert, der Erzeugnisse produziere für den für uns bisher nur theoretisch bekannten Vollwärmeschutz, die Wärmedämmung von Gebäuden. Und dieser Konzern würde bald eine sowjetische Delegation empfangen (die Sowjetunion sollte erst Ende 1991 auseinanderfallen), und er einen Dolmetscher brauche und dabei an mich gedacht habe. Ich dankte für das Vertrauen und antwortete, dass ich dafür keine Zeit habe, da ich mich noch um eine Brigade von Bauhandwerkern zu kümmern habe. Wiederhol das nochmal, forderte er mich auf. Ich sagte, dass er richtig gehört habe.

Ich hatte einen Bekannten, der kannte einen, der von einer Baubrigade von zehn Mann wusste, die auf der Straße standen, weil deren Betrieb Pleite gegangen war. Mein Bekannter, der nicht vom Baufach war, redete auf mich ein, eine GmbH zu gründen, um die Kollegen weiter zu beschäftigen, und um Aufträge würde er sich bemühen.

Einen Tag vor der Einführung der Deutschen Mark, es war Sonnabend, der 30. Juni 1990, fanden wir uns um 6 Uhr morgens im Gerichtsgebäude in der Nähe des Alexanderplatzes ein – die Richter machten außerplanmäßig Überstunden – und unser GmbH-Vertrag wurde beurkundet. Dieser Vertrag wurde nach DDR-Recht geschlossen, von dem ich vorher gar nicht wusste, dass es das gab, aber den Vorteil hatte, dass das Stammkapital nur die Hälfte dessen nach BRD-Recht betrug, und dieses in DDR-Mark zu entrichten war. Ich wurde also in der Noch-DDR Gesellschafter einer Kapitalgesellschaft und Geschäftsführer, auf Westdeutsch: Arbeitgeber.

Mein ehemaliger Kollege war geradezu enthusiasmiert und sagte: Pass auf, wir ziehen das Ding mit der sowjetischen Delegation durch, von dem sich die Konzernleitung einen guten Absatzmarkt verspricht, und als Gegenleistung erhält deine GmbH eine praktische Einführung in alle Fragen des Vollwärmeschutzes. Einen geeignetes Objekt habe er schon im Hinterkopf.

Die Delegation war mit je einem Vertreter der Sowjetrepubliken angereist, deren Leiter der Direktor des Instituts für Bauphysik in Moskau war. Den Einführungsvortrag hielt im Auftrag des Konzerns der Direktor eines Institutes in Stuttgart. In der Pause kam es zwischen ihm und mir zu einem Wortwechsel. Als das Wort Bauakademie fiel, wiederholte er es mit einem sarkastischem Unterton und sagte: Da, wo sie gesessen haben, genau da, saß vor zwei Wochen Ihr Wissenschaftlicher Direktor, und wissen Sie, was ich dem gesagt habe? Ich schaute ihn fragend an, und er posaunte: Viertausend Leute, viertausend! Wer soll die denn bezahlen? Vier brauche ich, ganze vier! Und dieses Promille nahm er sich kurz danach auch.

Der Konzern war auf den Vorschlag meines ehemaligen Kollegen eingegangen und stellte eine Fachkraft zur Verfügung; Material und Zubehör wurden angeliefert zur Ausführung der Wärmedämmung an einem mit einem Bauherrn vertraglich gebundenem Objekt. Da mich die Sache selbst interessierte, nahm ich eine Woche Urlaub, zog mir meine Maurerkluft über, kletterte auf die Rüstung, und klotzte gemeinsam mit meinen Kollegen Arbeitnehmern los. Wir klotzten richtig los, denn es galt ja nun: Time is Money. Die Quittung meines Übermutes erstellte mir ein Arzt mit seiner Diagnose: akute Sehnenscheidenentzündung des rechten Armes.

Am Wochenbeginn meldete ich mich aus meinem Urlaub zurück, als mich meine Vorgesetzte sprechen wollte. Was haben Sie denn gemacht? fragte sie und zeigte auf meinen Arm, der vom Ellenbogen bis in die Fingerspitzen geschient war. Ich antwortete mit einer Notlüge: Sportunfall. Volleyball. Daraufhin sagte sie, dass sie mich habe kommen lassen, um informiert zu werden, wie es mit dem Auftrag vorangehe, den sie mir erteilt hatte, und dessen Termin unbedingt einzuhalten wäre. Ich antwortete, dass sie sich nicht beunruhigen müsse, denn eine Kollegin habe mir sozialistische Hilfe zugesagt. Meine Vorgesetzte verzog die Mundwinkel, als hätte ich

202

gerade in eine Zitrone gebissen, und ich sagte, dass ich ja nur auf den Arm und nicht auf den Kopf gefallen wäre, diktieren würde ich also noch können.

Die Unruhe unter Mitarbeitern wuchs gegen Mitte des Jahres 1991, da unsere Aktionen bis dahin ergebnislos verlaufen waren und Arbeitslosigkeit drohte.

Unsere Verfassungsbeschwerde gegen den Einigungsvertrag, für die wir von heute auf morgen über dreißigtausend DM für Rechtsanwaltskosten zusammenbekamen, wurde vom Bundesverfassungsgericht abgeschmettert, woraufhin wir demonstrierten für die Umsetzung eben dieses Vertrages, gegen den wir geklagt hatten, uns aber wehrten gegen die Evaluierung durch außenstehende Dritte, da wir der Meinung waren, Manns genug zu sein, unser Potenzial selbst zu bewerten. Wir erarbeiteten einen Sachstandbericht und reichten den an den Petitionsausschuss des Bundestages ein, den dieser nicht annahm, woraufhin wir demonstrierten gegen das für uns seltsame Verständnis von Demokratie, Probleme als nicht existent zu betrachten, indem man sie nicht zur Kenntnis nimmt. Von der Überführung erhaltenswerter Kapazitäten war nichts zu hören, da die Politik entweder nicht wollte oder nicht konnte, und der bundesdeutsche Wissenschaftsrat öffentlich dafür kritisiert wurde, dass er die ostdeutsche Forschungslandschaft plattwalzen wolle. Das Instrument der Bundesregierung Arbeitsbeschaffungsmaßnahmen (ABM) zu organisieren, empfanden wir als Demütigung, und verglichen diese mit dem braunen Arbeitsdienst, um gleichzeitig diese anzustreben, als letztes Mittel vor drohender Arbeitslosigkeit.

Wir gründeten einen Verein als potenziellen Gesellschafter einer Beschäftigungs- und Qualifizierungsgesellschaft (BQG) und erarbeiteten entsprechende ABM-Projekte. Der Leiter unserer Überleitungsstelle würdigte unser Engagement, indem er seine Bereitschaft erklärte, ebenfalls Gesellschafter zu werden und darüber hinaus noch einen westberliner Unternehmer mit ins Boot holte.

Die BQG wurde vom Amtsgericht rechtzeitig vor Jahresfrist beurkundet, und die von uns erarbeiteten ABM-Projekte vom Arbeitsamt bestätigt. Der Jahreswende hätten wir in gemäßigter Zufriedenheit entgegen sehen können, wenn uns nicht eine Hiobsbotschaft ereilt hätte.

Diese Botschaft lautete, dass in AB-Maßnahmen nur Personen zugewiesen werden können, die aus der Arbeitslosigkeit kämen, was auf Mitarbeiter der ehemaligen Bauakademie bekanntermaßen nicht zuträfe, da sie ja bis 31. Dezember beschäftigt sein würden.

Wir fragten uns, welche Sünden wir noch begangen haben könnten, um so abgestraft zu werden. Uns blieb nur zu hoffen auf eine höhere Macht. Und die sprach am dritten Weihnachtsfeiertag, dass ein Gremium beraten und entschieden hatte, dass zwischen Silvester und Neujahr eine Logische Sekunde geschaltet würde, in der wir arbeitslos sein würden, und somit die Voraussetzung gegeben sei, ab 1. Januar 1992 die Arbeit in der BQG aufzunehmen.

Sollen sich doch Philosophen ihren Kopf darüber malträtieren, worin die Logik dieser Logischen Sekunde zu suchen ist, wir nahmen sie dankend an.

Die Zeit in der BQG nutzten wir, um uns auszugründen und in die berufliche Selbständigkeit zu gehen. Als ich mich von unserem ehemaligen Leiter der Überleitungsstelle verabschiedete, gab er mir mit einem leichten Schmunzeln mit auf den Weg: Denken Sie daran, die erste Million macht süchtig. Mit etwas ernsterer Miene fügte er hinzu: Und denken Sie daran, die Hoffnung ist der Tod des Kaufmanns. Diese Worte verstand ich so, dass keine allmächtige Partei über mein Wohl und Wehe künftig entscheidet, sondern dass ich selbst Herr darüber zu sein habe.

Und immer wenn ein Jahr zu Ende geht – so sind meine Mitstreiter und ich miteinander verblieben – erheben wir zu Silvester das Glas und trinken auf die uns unbekannte Person, die erfunden hatte: die logische Sekunde.

*Liebe ist nur ein Wort,
aber sie trägt alles,
was wir haben*

Beatrix Ramona Benmoussa-Strouhal

So sah ich dich das erste Mal

Du bist vor mir gestanden wie aus dem Nichts
als ich in deine Augen sah
vergaß ich alles rings um mich,
nur du warst für mich da.
Warmherzig dein Blick,
so sanft und klar,
war zu erspähen,
ein strahlend Funkeln
in deinen dunkelbraunen Augen zu sehen.
Einfach fantastisch, wunderbar.
Sie sprachen zu mir
deutlicher als alle Worte dieser Welt.
Über deine Lippen zeichnete sich ein kurzes Lächeln,
gemischt mit einem Hauch von Melancholie;
die dein Gesicht umgab
und deine Seele spiegelte sich wieder
im Ausdruck deiner Augen.
Diese brachten einen einzigartigen Glanz zum Vorschein
Man spürte Faszination.
Geheimnisvoll und traurig zugleich,
doch wunderschön!
Es umgab mich ein Gefühl voller Dankbarkeit, Geborgenheit
und Liebe.
Deine Augen,
einmalig,
die ich niemals vergessen kann und will.
So sah ich dich das erste Mal.
Und du bist in meinem Herz geblieben.

Die Morgensonne!

Sanft berührt sie mein Gesicht,
und holt mich aus dem tiefen Schlafe.
Mein erster Gedanke,
der kleine „Scheich"
auch wenn er fern
meiner Heimat,
am Golf von Oman
zu Hause ist.
Mein Gedanke der Liebe an ihn,
erscheint mir schneller zu sein,
als jeglicher mit Lichtgeschwindigkeit
dahinfliegender Sonnenstrahl,
den ich mit meiner Liebe überbringe
und wünsche mir aus vollem Herzen,
dass er glücklich sei.

Das Geheimnis

Eine Gestalt
in weiß gehüllt
das Antlitz bedeckt mit weißem Tuche,
die feine Haut, sofern sie nicht verdeckt,
lässt mir zu
in sein Gesicht zu blicken.
Nur eine Strähne
seines Haares war zu erspähen.
Schwarz – wunderschön.
Die Augen bekam ich zu Gesicht,
sie zogen mich in ihren Bann.
Vorsicht war geraten!
Zu spät –
das Glitzern und Funkeln
melancholisch und traurig zugleich,
Es war um mich geschehen!
Welches Geheimnis verbirgt sich hinter ihm?
Ich ließ meiner Phantasie freien Lauf...

Regina Franziska Fischer

IMMER BEI DIR oder GEBORGEN IN GOTT

ICH BIN SO GERN ZU HAUSE
ICH BIN SO GERN BEI DIR
DENN DU BIST MEIN ZUHAUSE
VON GANZEM HERZEN DANK
ICH DIR DAFÜR

UND GEHT DER TAG ZU ENDE
UND GEHT DIE ERDE NUN ZUR RUH
VERGESS ICH MEINE SORGEN
UND SCHLIEßE DANN BIS MORGEN

DIE TÜR ZUR GROßEN WELT
GANZ LEISE ZU

In inniger Liebe für meine Mutter
Dorothea Agnes POLLOK, 1928-1997

Wenn der Schleier fällt...

Nach dem Tode eines Erdenbürgers
entdecken bislang Unwissende
entweder
dessen vormals verschleierte
Bedeutungslosigkeit

oder

eine nie geahnte Größe,
die unsere Welt nachhaltig
verändern könnte...

6. September 2009
6. September 2019
in Liebe für meinen Vater Peter Paul Pollok
„Dies ist kein Menschenland",
Buch LICHTERTORE der Autorin

Margarete Kirchner

Warm

Mit deinen schmalen Händen
erspürst du sanft meine Haut,
streichst durch mein Haar.
Du raunst mir Liebeswörter ins Ohr,
küsst und umarmst mich.

Wie besonders,
in deinen Armen zu liegen –
behütet, losgelöst und frei
bin ich bei dir,
mein Geliebter,
mein Mann.

Du bist da,
bei Angst, Weltschmerz,
Verzweiflung, aber auch
Freude.
In Liebe bei dir,
Geliebter,
Freund,
mein Mann.

Irmtraut G. Otto

Wege des Herzens

Seltsam sind die Wege des Herzens
Nichts kann sie aufhalten auf ihrer Reise
Behutsam gehen sie ihrem Ziel entgegen
Herrlich ist es zu wandern auf diesen Wegen.

Denn Liebe braucht eine lange Reise
Auch durch ein unbekanntes Land
Wer sie erfährt, vergisst zu zweifeln
Der tiefe Glaube führt dann seine Hand.

Die Tat allein beweist der Liebe Kraft
Die Güte des Herzens nimmt einen weiteren Raum ein
Der Mensch, der dieses alles schafft
Geht in den Himmel der Liebe ein!

Karina von Pidoll

Die erste Liebe

Fasziniert von Dir,
warum weiß ich nicht mehr,
Deine Sprache und Dein Lachen,
Deine Jesus Füße.

Ich hab nichts mehr zu sagen,
weil es so weh getan hat,
fehlt mir das Wort für Schmerz,
die erste Liebe wars wohl nur für mich.

Ich glaube Deinen Worten nicht,
so leichtfertig verdrehtest Du mein Leben,
nahmst meine Schönheit und mein Herz,
als sei es nur für den Moment.

Du gingst von mir schon ein paar Mal,
als es für immer war,
sah ich Dich sprachlos an
und sehe Dich nur lachen.

Roswitha Schorr-Traub

LIEBE

Es gibt eine Macht –
Die jeder kennt.
Es ist das W o r t –
Das sich L i e b e nennt.
Oh! Vergiss dich nicht in i h r –
Du T o r!

Sie sagt: „Ich bring das Glück zu dir –
Doch das Leben geht weiter –
Wie z u v o r –
Du T O R, du T O R!

Inna Zagraewsky

Über die Liebe...

Die Lieb' ist nur ein Wort,
aber sie trägt...
Sie macht den schönen Ort,
zu dem sie kommt
oder lebt.

Sie bringt euch,
was ihr wollt:
die Freude und die Lust,
Entzückung und Erfolg,
(natürlich –
auch Glück!)

Es kommt die Zärtlichkeit
von ihrem schönen Lied...
Und deshalb –
liebe doch
und lebe
für die Lieb'!

Wer Religion hat,
redet Poesie

Andrea Ahrens

Wir Geistwesen

Eingekleidet in Fleisch und Blut. Eingezwängt in Zeit und
Raum.
Begrenzt auf unsere Sinnesorgane, durch den Schleier des
Vergessens gegangen.
Ein leeres Blatt will wieder beschrieben und gefüllt werden.
Ein neuer Seelentanz beginnt.
Vom ersten Atemzug an sind wir im Strudel unserer
Vorstellung, unserer Illusion gefangen.
Das große Vergessen hält uns fest im Griff.

Wir Geistwesen, eingekleidet in Fleisch und Blut.
Eingezwängt in Zeit und Raum.
Begrenzen uns oftmals nur auf unsere Sinnesorgange.
Und doch führen wir ein doppeltes Leben, bei Tag Fleisch
und Blut,
doch in der Nacht geht unsere Seele auf Reisen.
Wie eine abgepflückte Blume suchen wir immer wieder nach
unseren Wurzeln,
nach unserer vergessenen Realität.
Doch manchmal sprüht ein Funken des Erinnerns durch den
schweren Vorhang des Vergessens.
Und wir erkennen Gott in uns und in allem was uns umgibt.
Denn alles ist Illusion, nur Liebe ist real.

Wir Geistwesen haben uns selbst die Zwangsjacke der
Illusion über uns gestülpt.
Wir haben uns selbst Schmerz, Verzweiflung und Kriege
auferlegt.

Wir haben uns selbst mit jedem Gedanken die Schwere des
Lebens erschaffen
und tun dies oftmals noch immer.
Doch dies ist alles nur Illusion, nur Liebe ist real.
Wir haben uns selbst in Religionen gefangen genommen.
Wir führen Kriege der Wahrheit, der Religionen.
Doch die Wahrheit ist Liebe, alles andere ist Illusion.

Wir alle tragen den Funken Gottes in uns, ganz egal, welcher
Religion wir auch angehören mögen.
Wir alle haben einen Schutzengel an unserer Seite, werden
geliebt und beschützt.
Wir alle kommen aus ein und derselben Quelle und tragen
das Göttliche in uns.
Wie alle sind durch den Schleier des Vergessens gegangen
und unterliegen seinem Gesetz.
Wir alle sind eins. Sonne, Mond und Sterne. Baum, Blume,
Sandkorn.
Wasser, Luft, Feuer, Erde. Mensch und Tier – alles eins,
alles Liebe, alles Gott.
Denn Liebe ist das einzig Reale, Liebe ist Gott und Gott ist
in allem und jedem.
Alle eins, alles Gott, alles Du, alles Licht, alles Energie, alles
Liebe, alles Gott.
Engel, Drachen, Einhörner, Elementarwesen unsere Welt ist
so unermesslich reich,
noch liegt sie meistens hinter dem Schleier des Vergessens.
Doch allmählich erwacht die Erde aus ihrem
Dornröschenschlaf.
Wir Geistwesen, Liebe ist das einzig Reale.
Liebe ist Gott in allem, auch in DIR.

Regina Franziska Fischer

BEKENNTNIS

(aus einem meiner Tagebucheinträge für die Ahnen- bzw.
Familiengeschichte)

Das Fegefeuer der Erkenntnis spielt sich in unserer Seele ab,
indem wir tief trauern über Dinge, die wir möglicherweise
unbewusst hinterlassen haben, die wir bei intensivem
Nachdenken
hätten menschlicher lösen können.

Dieses brennende Feuer in unserer fast ohnmächtigen Seele
wird
mit einem Tränenmeer der Befreiung gelöscht – durch Gottes
Barmherzigkeit auf Erden.

Akzeptieren wir die seelischen Fegefeuer auf Erden, sie
verleihen
uns einst Flügel in das ewige Reich Gottes, wenn die Zeit
dafür reif ist.

„… und ich setzte mich in jeden Reisewaggon meines
bisherigen Lebens, bis Gott mir zuflüsterte:
„Es ist gut so, reise getrost weiter."
Über die Schmerzen in meiner geprüften Seele wegen
meines sporadischen Fehlverhaltens in der Rückbesinnung
möchte ich demütig schweigen."

Michaela Obermüller

GOTT

Du zeigst mir meine Seele
du zeigst mir mein Unterbewusst – SEIN!.
Du zeigst mir meine Stärken
meine Schwächen
und bist trotz all meinen Zweifeln
im Leben
immer für mich da.

Du verleihst mir Ruhe und Geduld
wenn Unruhe mich quält.
Du gibst mir die Kraft und die Stärke
wenn ich schwach bin
und deine Liebe brauche.

Ich spüre, dass du da bist
für mich und für alle die ich liebe.
Ich weiß, dass du mich hörst
wie du alle Menschen hörst.

Gib mir deine Liebe, dein Vertrauen
um meinen heutigen Weg weiter zu gehn.
Gott gib mir deine Kraft

UM WEITER ZU BESTEHN!

Brigitte Reichardt

Vergeben

Ein Gefängnis ist die Schuld!
Vater, hab' mit uns Geduld.
Du siehst und kennst der Menschenwahn,
der nachträgt, nicht vergeben kann.
Die Freude flieht, das Herz wird schwer,
der Schuldenstein drückt mehr und mehr.
Das Herz, es mahnt, erinnert, spricht:
Vergib dem Nächsten, zögere nicht!
Es ist allein zu deinem Heil,
sonst flieht der Schlaf, die Schuld wird Teil
deines Lebens, deiner Liebe sein.
Rück weg, den „Nicht-Vergeben-Stein."
Wenn Zank und Streit erobern dich,
dann hat die Liebe kein Gewicht –
Dein Gott!
Er wartet, schaut deine Seele!
Dein Gott!
Er spricht: Ich vergebe deine Fehler.
Vergib auch du dem Nächsten.
Dein Heiland starb am Kreuz für dich –
auch er vergab,
drum freue dich.
Er trug die Schuld der ganzen Welt,
deshalb ward er am Kreuz entstellt.
So flieh' zu ihm,
tu deine Pflicht:
„Vergib dem Bruder, zögere nicht!"

Burkhard Sill

Die Mauer

Schweigen ist wie stille Trauer,
Jemand baut in mir die Mauer.

Harter Stein wird sein mein Schutz,
Wer tritt mich morgen in den Schmutz?

Traue Du dem Geist der Wahrheit,
Schenke Deinen Sinnen Klarheit!

Bedaure Dich nicht selber nur,
Verordne Dir die Einsichtskur!

Geist und Seele werden leiden,
Wenn nicht Hoffnung stärkt die beiden.

Versenkt im Glauben will ich sein,
Denn Gottes Hilfe sprengt den Stein!

Manuela Stempfle

Humanismus und Religion

Die Frage wurde oft gestellt
Braucht Humanismus Religion
Sind deren Tage gezählt
Der Humanismus reiche schon
Des Menschen Naturell ist gut
Dies sagt der Humanist
Fließt in ihm ungläubig Blut
Beherrscht ihn nur die List
Religion hilft, wenn alles schwankt
Der Boden unter den Füßen wankt
Wenn groß ist die Not
Alles ist aus dem Lot
Beide sollten sich nicht streiten
Sondern einander begleiten
Sich gegenseitig ergänzen
Dabei sich nicht begrenzen
Auch wenn sich alles ändert
Mal dies mal das hat Priorität
Mit Begeisterung bebändert
Wird Zukunft auf Hoffnung gesät

Erkenntnis

Ich habe um dich gerungen
Manchmal ist es nicht gelungen
Hätte dich gerne erzwungen
Den Lorbeer dafür errungen
Ist sie mein Verderben
Die Frage hat sich mir gestellt
Verursacht sie auch Scherben
Wenn ihre Tage sind gezählt
Erkenntnis ist immer wahr
Wie ich bereits erkannte
So oft ich mich verrannte
Am Ende war's mir klar
Der Weg dahin ist steinig
Habe ihn nicht gescheut
Hatte es nicht sehr eilig
Habe es niemals bereut
Wenn Erkenntnis dich erweckt
Weißt du, was in dir steckt
Fühlst dich wie der König
Das ist bestimmt nicht wenig

Entelechie

Es heißt alles ist vergänglich
Dass Nichts währt ewiglich
Doch ich glaube das nicht
Weil etwas dagegen spricht
Was kann es sein
Das der Vergänglichkeit wehrt
Es ist Dein und Mein
Und so gar nicht verkehrt
Denn wenn ich bedenke
Mich in mich versenke
So wird mir klar
Wie es immer war
Sie ist die Kraft
Die so viel schafft
So fabelhaft
Sie wird oft getragen
Von Leben zu Leben
Sie ist eine der Gaben
Die es immer wird geben
Sie wird Entelechie genannt
Sie führt zur Vollendung
Philosophen haben sie gekannt
Das gibt dem Leben Wendung

Bilder

Bilder sind Gefährten
Auf dem Lebensweg
Was sie dich auch lehrten
Der Geist in dir sich regt
Es gibt die inneren Bilder
Die den Menschen leiten
Oder es sind Weltbilder
Worüber ganze Völker streiten
Wie entsteht ein Weltbild
Das ganze Nationen prägt
Dient es nur als Schutzschild
Oder wird eine Richtung belegt
Was ein Weltbild bestimmt
Kann ich schwer erklären
Es wird sich keiner wehren
Wenn Bilder im Einklang sind
Deshalb sind Bilder Gefährten
Von innen oder außen
Sie helfen zu bewerten
Wenn sie durch die Köpfe sausen

Veränderung

Wenn nichts bleibt wie es war
Wenn nicht klar, was geschah
Du einfach nicht bemerkt hast
Die Zeit an dir vorbei gerast
Hast viel zuviel erlebt
Nicht umsonst gelebt
Weil du bereit gewesen
Dich weiter zu belesen
Wolltest vieles anders machen
Hast die Blickrichtung geändert
Ließest es auch mal richtig krachen
Da hast du dich verändert
Was dir nicht war bewusst
Hast's erst später gewusst
Doch es war niemals zu spät
Hat's dir auch den Kopf verdreht
Das ist das Schöne daran
Wenn im Spiel die Liebe ist
Du bemerkst es irgendwann
Du nicht mehr derselbe bist

Autorenspiegel

Andrea Ahrens, geboren 1968 in Gießen.1990 Abschluss als medizinische Kosmetikerin und Fußpflegerin; Malerin und Autorin (Romane, Kurzgeschichten, Gedichte). Seit 2010 Veröffentlichung mehrerer Gedichte.

Hilla Beils-Müller, geb. 1953 in Mayen, Sekretärin i. R., verheiratet, zwei Kinder. Seit 16. Dez. 2016 Dipl. Schriftstellerin. Veröffentlichungen: Buchausgaben: Ein kleiner Spiegel Band 1, Lyrik, Frankfurt a. M. 2008. Ein kleiner Spiegel Band 2, Lyrik, Frankfurt a. M. 2009. Nacht-Tisch-Lampe, Lyrik, Frankfurt a. M. 2010. Erkenntnis und Wagnis, Lyrik, Frankfurt a. M. 2012. Der Diamant im eigenen Ich, Lyrik, Frankfurt a. M. 2014. Weitsicht, 2015 Frankfurt a. M.
Unselbständige Beiträge: Anthologien der Frankfurter Bibliothek: Jahrbuch für das neue Gedicht 2009, 2010, 2011, 2014 Brentano-Gesellschaft, Lyrik des 21. Jahrhunderts. Die besten Gedichte 2009/2010, 2010/2011, 2011/2012, 2012/2013, 2013/2014, 2014/2015, 2016/2017. Weitere Teilnahmen an der Neuen Literatur Frühjahr/Herbst 2018 sowie der Weihnachtsanthologie.
Lesungen: Im Deutschen Literaturfernsehen, Frankfurter Buchmesse, Buchhandlung Reuffel, Ehrenwall'sche Klinik, Bad Neuenahr-Ahrweiler, Genovevaburg Mayen, Familien-Bildungsstätte FBS-Mayen, KfD Mayen.

Beatrix Ramona Benmoussa-Strouhal, geb. 1963 in Graz, Österreich. Floristin mit Diplom. Nach Beiträgen in der „ATG" Sportzeitung 1995 und in „Der Florist" 2001-2003 veröffentlichte sie 2016 mit „Ein Stück von mir aus aller Welt" ihren ersten Band mit Kurzgeschichten und Farbbildern.

Absolventin der Cornelia Goethe Akademie mit Schriftstellerdiplom 2017. Mitglied der GAL (Gemeinschaft der Absolventen und Literaturpreisträger). Veröffentlichung in „Der Frankfurter literarischer Lustgarten 2019".
Ihre Botschaft: Sie möchte den Menschen zeigen, wie farbenfroh unsere Welt ist und ihnen Mut machen, dass man trotz eines Problems das Schöne erkennen kann.

Jürgen Bennack, Jahrgang 1941, Lehrer und Hochschullehrer, Fachveröffentlichungen zur Pädagogik. Er hat einige Bücher zu Köln (u.a. über Humor, Mentalität, z.T. Texte in Kölner Mundart) veröffentlicht sowie mehrere Gedichte bei der Brentano-Gesellschaft (Frankfurter Bibliothek) und Texte in den Anthologien „Neue Literatur" und „Das große Vorlesebuch" verfasst.

Margitta Börner, ist in Weida, Thüringen, geboren. Seit 2012 ist sie als selbstständige Handelsvertreterin tätig. Ihre freie Zeit nutzt sie zum Schreiben.
2004: „ Fühlst du auch so" (Gedichte, August von Goethe Literaturverlag)
2011: „Der letzte Brief" (Kurzgeschichte; Anthologie Herbst, August von Goethe Literaturverlag),
2014: „ Der Weg bis ans Ende " (Erzählung, Frankfurter Literaturverlag)

Rilke Engel, Jahrgang 1953, geboren in Flonheim bei Alzey, Studium der Literatur- und Musikwissenschaft, Philosophie, Violine, Gesang und Chor- und Orchesterleitung, unterrichtete alle Altersklassen bis zum Abitur an den unterschiedlichsten Schulen im In-und Ausland und an Musikkonservatorien in Südafrika und in Zimbabwe und war ebenso als Examinator tätig. In ihrem Figuren-Schattentheater zeigt sie seit

1976 international eigene Inszenierungen . Schwerpunkt ihrer
schriftstellerischen Arbeit ist seit 1967 die Lyrik. Seit 1993
veröffentlicht sie ihre Gedichte in Anthologien und eigenen
Büchern u.a. „Lärchenzauber", Edition Trianon, Poesie im
August von Goethe Literaturverlag.

Regina Franziska Fischer, geb. Pollok, am 20. Mai 1951 in
Her-ford/NRW geboren, verlebte ihre Gymnasialzeit in der
Wittekindstadt Enger. Sie ist verheiratet, hat einen erwachsenen Sohn (promovierter Wirtschaftswissenschaftler) und
wohnt seit 1976 in Bielefeld. Dort wurde sie Namensgeberin
der Dankward-Säule im Kulturland Schelphof e.V. Von Beruf
ist sie Industriekaufmann, Fremdsprachenkorrespondentin für
Englisch, Psychologische Beraterin und heute Schriftstellerin.
Sie absolvierte erfolgreich ein zweijähriges Belletristik-Stu-
dium an der Axel-Andersson-Akademie, Hamburg. Diverse
Lyrik-Zertifikate für fortgeschrittene Dichterinnen zeitgenös-
sischen Schreibens bestätigen ferner ihre vielschichtigen und
ausdrucksstarken Texte.
Ihr schriftstellerisches Schaffen umfasst zahlreiche Publikationen und lyrische Impressionen im Bereich Anthologien, z.B.
Eschbach Verlag, eschbacher pockets, Frankfurter Bibliothek
(Brentano Ge-sellschaft, Frankfurt) Jahrbuch für das neue Gedicht, ferner seit Jahren Die besten Gedichte aus der Frank-
furter Bibliothek, August von Goethe Literaturverlag, Literareon Lyrik-Bibliothek, ferner Bi-bliothek deutschsprachiger
Gedichte, Anthologien im R.G. Fischer Verlag, Anthologien
zum Thema HAIKU. Publikationen im
Bereich Lyrik und Prosa waren Blumen für die Seele und Das
Licht ist immer in Dir ... !, 2005.
Im Jahr ihrer Brustkrebserkrankung 2007 entstanden die Ly-
rik-bände Nie geahnte Seelenspulen, Geöffnet wie ein Kelch,
Im Trau-me federleicht, und in 2008 die Bände Wieder flechten

das Mieder im Mai sowie Aus dem Brunnen der Unsterblichkeit, Literareon. In 2009 erschien Ihr Band Maienkönigin mit autobiographischem Inhalt (Prosa und Lyrik) und ihr erster Haiku-Band mit dem Titel Zauber eines Augenblicks, dem 2010 der zweite Band folgte: Im Licht des Bergkristalls, ebenfalls Literareon. Als Mitglied der DHG 2006-2016, Deutsche Haiku-Gesellschaft, Frankfurt, veröffentlichte die Autorin regelmäßig ihre Haiku in der Vierteljahresschrift Sommergras der Gesellschaft.

Ab März 2013 wurde die Autorin Mitglied der Österreichischen Haiku Gesellschaft, Wien. Der Vorstand: „Neue Haiku von Ihnen wären für uns eine Bereicherung." In ihrem Buch Lichtertore aus dem Jahr 2010 beschreibt sie u. a. Zustände auf einer Intensiv-Station während des Sterbens ihres Vaters Peter Paul Pollok. Der besagte Artikel Dies ist kein Menschenland! wird dem Vatikan übersandt, der mit einer Stellungnahme des Bedauerns reagiert, Lichtertore wurde gerne ins Stadtarchiv für die Landesgeschichtliche Bibliothek in Bielefeld registriert. In ihrer neusten Publikation aus 2012 mit dem Titel Sonnentanz in meiner Seele möchte die Autorin ihre Leser mit ihrer sensiblen, spirituellen Art und einer befreienden Leichtigkeit ansprechen, wobei sie Schicksalsprüfungen, u. a. Brustkrebs, nur im Ansatz erkennen lässt. Auch versteht sie, den Zauber eines Augenblicks in ihren Haiku, einer Kurzform der fernöstlichen Literatur, für ihre Leserschar festzuhalten. Als Sponsorin liegt ihr das geplante Pilgerzentrum am See Genezareth im Heiligen Land am Herzen; ferner erinnert sie seit Monaten in diversen Schreiben an Bischöfe, Gemeinden und den Vatikan an das bedeutendste christliche Marienwerk unserer Literatur aus dem 17. Jahrhundert aus Spanien mit dem Titel Leben der Jungfrau und

Gottesmutter Maria -von der Äbtissin Maria von Jesus von Agreda, deren Seligsprechung noch immer nicht vollendet ist.

Ihre an sie von Gott erteilten Offenbarungen wurden in 25 Sprachen übersetzt und drohen, in Vergessenheit zu geraten. Die APOSTOLISCHE NUNTIATUR IN DEUTSCHLAND, Berlin, regt mit dem Schreiben vom 14.02.2013 an: „Damit Ihr Engagement für eine bessere Kenntnis von Maria von Agreda zum Ziele führt, wäre es nötig, dass Ihnen Ihr Erzbistum Paderborn eine Anerkennung dafür gibt."

Ihr Gedicht In dem Weinberg – erstes deutsches Papstgedicht – gewidmet Papst Benedikt XVI. (em.) wurde in der Stiftung Geburtshaus Papst Benedikt XVI. Marktl, archiviert ferner im Wallfahrtsmuseum Altötting, im Erzbistum München, Apostolischen Nuntiatur Berlin und von seinem Bruder Prof. Dr. Georg Ratzinger an Papst Benedikt XVI. (em.) gern weitergeleitet. Ihre dreißigjährige Mitgliedschaft als Mehrfachpatin in der Dritten Welt mit Ehrenurkunde bei World Vision, Frankfurt, ist das Lebenswerk der Autorin. Übrigens, ihre vier Lebens- bzw. Tagebücher Wege der Liebe mit der Signatur-Nr. 2086 lagen einige Monate im Dt. Tagebuch-Archiv Emmendingen, die nunmehr in ihrem Heimatort auf Wunsch einsehbar sind. Und ihre fünf Lyrikbände erschienen im Sommer 2012 in einer Neuauflage mit dem Titel Ein Stück Himmelszelt, in dem ihr lyrischer Seelenschatz nochmals festgehalten wird. Übrigens: Statement von Dr. Uwe Frank, Frankfurter Verlagsgruppe: „Der Verlag schätzt sie als Segen Ihres Talents. Gerade deswegen werden immer wieder Texte aus Ihrer Feder vom Lektorat als wesentlicher literarischer Beitrag der Gegenwartsliteratur bewertet und zur Veröffentlichung empfohlen."

Sämtliche Publikationen einschl. Erstes deutsches Papstgedicht sind im Kommunalarchiv (Stadtarchiv – Bibliotheksbestand heimischer Autoren) ihrer Geburtsstadt Herford wertschätzend in 2014 aufgenommen worden. Beitritt 2015 in den Verein Österreichischer Schriftstellerinnen und

Künstlerinnen. Von der Präsidentin, Frau Helga Helnwein, wurden in der Jubiläumszeitschrift 130 Jahre Verein, Wien, neun ihrer Bücher in Tiefe, Vielfalt und Flut von Seelenströmen und Traumwelten rezensiert, darunter auch zwei Haiku-Bücher, die in Japan und Marbach archiviert sind.

In das deutsche Literatur-Archiv Marbach wurden ihre beiden Haiku-Bände nunmehr gern 2014 aufgenommen sowie ihr Lyrikband Wieder flechten das Mieder im Mai. In der hohen Kunst der japanischen Kurz-Lyrik erhielt sie 2014 den ersten Preis für ihr Haiku zum Thema Garten. Die erwähnten zwei Haiku-Bände sind außerdem in Tokio archiviert (Nobuyuki Yuasa).

Ferner Mitgliedschaft in 2017 beim TEA (Tagebuch- und Erinnerungsarchiv e.V.), Berlin. Ferner übernimmt sie bei Missio e.V., Aachen, seit 2017 zwei Schutzengelpatenschaften in Nord-Ost-Indien und im Kongo.

Brigitte Gehrling, ist 1952 in Düsseldorf geboren, studierte Betriebswirtin, Hobby-Dichterin, über ein Fernstudium hat sie die Ausbildung „Schule des Schreibens" bei der Axel Andersson Akademie in Hamburg absolviert. Die Veröffentlichung ihres ersten Gedichtes „Unvergessene Heimat" erfolgte 1968 - im Alter von 16 Jahren - in der Zeitschrift „Schlesische Bergwacht". Weitere deutschsprachige Gedichte von ihr wurden in einigen Anthologien der „Bibliothek deutschsprachiger Gedichte" veröffentlicht. Heute arbeitet sie als Rückführungsleiterin, Hypnotiseurin und Energetische Geistheilerin.

Mathilde Gündisch, geboren am 1. März 1935 in Donnersmarkt/RU, Diplomingenieurin, 30 Arbeitsjahre als Modedesignerin tätig, 12 Jahre ehrenamtliche Phänologin im DWD. Studium: Axel Andersson Akademie Hamburg „Schönes

Schreiben". Wohnhaft in Eriskirch als Malerin und Dichterin. Lyrik ist ihre liebste Beschäftigung. Gedichte lesen und dichten. Aus Liebe und Freude zu Gottes Schöpfung schreibt sie Gedichte, mit denen sie in vielen Gedichtsammelbänden vertreten ist, veröffentlicht bei sechs Verlagen. 2013 ist ihr Buch erschienen; „Korallenlicht", mit 45 Gedichten, Themen zum Zeitgeschehen im Realis Verlag Gräfelfing. Auszeichnung im Gedicht-Wettbewerb „Auserlesene Werke der Bibliothek Deutschsprachiger Gedichte 2013 im Realis Verlag Gräfelfing/München". Erster Preis dotiert mit einer Prämie und einem Hörbuch: „Das Glücksknäuel" mit 33 der schönsten Gedichte. Veröffentlicht wurden im verschiedenen Imprints der Frankfurter Verlagsgruppe in der Zeitspanne von 2010 bis 2017/2018, 60 Gedichte und Prosastücke. 2018 veröffentlicht sie das Gedichtbuch „Mein Weggesang" mit 60 Gedichten.

Felix Julius, geboren 1960 in Scheveningen, Schauspielstudium, diverse Projekte in der freien Theaterszene und Lastwagen fahren. Gedichte, Theaterstücke und Kurzgeschichten entstehen. Arbeit als Busfahrer/Reiseleiter. Verschiedenste Theaterprojekte. 2013 Herausgabe der Unterwegs-Gedichte und zweier Theaterstücke der Traum von der Maske und Wolfram. Seit Anfang 2014 freischaffend. Weitere Theaterstücke, Drehbücher, Erzählungen und Gedichte harren der Veröffentlichung.

Barbara Jung-Steiner, geboren 1942 in Frankfurt/Main, aufgewachsen in Celle/Hann., technische Assistentin, pathologische, histologische Laborarbeit an und mit Tieren für die Deutsche Forschungsgemeinschaft. Großes Labor Humanmedizin, fünf Jahre Röntgenassistentin. Dreizehn Jahre im Außendienst im Pharmabereich tätig. Vorfahren sind bis 1520 in Gelnhausen zurück zu verfolgen. Der Großvater von Hans

Christoffel von Grimmelshausen eröffnet den Stammbaum. Seit 2002 in zweiter Ehe verheiratet, zwei Töchter. Erste Gedichte mit neunzehn Jahren. Seit 1975 Gedichte, Geschichten und Gedankenabrisse. Letztere nicht veröffentlicht. Veröffentlichungen in örtlicher Zeitung. 1991 Weihnachtsgeschichte im Bremer Container (Radiosendung) 1. Preis. 2008 drei Gedichte in einer Anthologie im Geest Verlag. 2009 Gedichte und Geschichten im Wagner Verlag Gelnhausen. „Hütchenspieler siegen selten". Seit 2012 folgend bis jetzt jedes Jahr ein Gedicht in der Anthologie „ Frankfurter Bibliothek" der Brentano Gesellschaft.

Johann P. Kako ist Jahrgang 1952, arbeitete als Elektromechaniker, Kunst- und Techniklehrer und Berufsschullehrer. Zzuletzt war er 16 Jahre lang als Diplom-Pädagoge Dozent für Psychologie an der Europauniversität Flensburg.

Margarete Kirchner, geboren 1950 in Münster/Westfalen. Noch während ihrer Berufstätigkeit besuchte sie Kurse im kreativen Schreiben der Volkshochschule. Gleichzeitig war sie mehrere Jahre Mitglied der Zeilenschmiede. Aus diesem gemeinsamen Schreiben ergaben sich auch verschiedene Lesungen, die an verschiedenen Orten, wie z.B. im Theater Münster gehalten wurden.
In ihren Gedichten und Geschichten ist der Autorin besonders wichtig, die Schönheit der Natur, aber auch die Verschiedenheit der Menschen, dem Leser nahe zu bringen.

Charlott Ruth Kott, geboren 1937 in Leipzig. Ausbildung zur Schriftsetzerin in der Gutenbergschule Leipzig. 1981-85 Gaststudium an der HBK Braunschweig. Teilnahme an Editionen, Studienaufenthalte in der Provence. Stipendium für die Internationale Sommerakademie Salzburg, Stipendium des

Landes Niedersachsen für Malerei in Frankreich. 1987-2004 Mitglied im GEDOK Niedersachsen, Gruppe Bildende Kunst und Literatur. Seit 1991 im Verein „Atelier Artistique International de Séguret". Seit 2004 im BBK Braunschweig, Bildender Künstler BBK und im IGBK, Internationale Gesellschaft der Bildenden Künstler. Arbeitet als freie Maerlin, Bildhauerin und Schrifstellerin in Braunschweig. Teilnahme an zahlreichen Gruppen- und Einzelausstellungen im In- und Ausland. Arbeiten im öffentlichen Besitz und Museen. 2003-2006 Studium des Schreibens mit Abschluss/Zertifikat der „Axel Anderson Akademie". Seit 2015 in der GZL „Gesellschaft für zeitgenössische Lyrik" in Leipzig. Zahlreiche Bücher und Kataloge sind erschienen.

Renata K. Langner, Graphik-Designerin, Malerei u.a. Südliche Landschaften. Veröffentlichungen beim August von Goethe Literaturverlag: Neue Literatur 2017. Winterlicher Weihnachtszauber 2017. Neue Literatur 2018/2019 und Neue Literatur 2019/2020. Schreibt Kurzgeschichten.

Heinrich Hermann Lauinger, geboren 1946 in Karlsruhe, studierte an den Universitäten Freiburg, Innsbruck und Karlsruhe Germanistik, Geschichte, Jura und Philosophie; in Karlsruhe legte er das Magisterexamen ab. Nach Tätigkeiten als Lehrer arbeitete er als wissenschaftlicher Assistent an der Universität Karlsruhe. Als weitere Veröffentlichungen plant er das Drama „Höness" und „Prinzessin Diana, ein trauriges Schicksal".

Sylvia J. Lotz, geboren 1962 in Stuttgart/Bad Canstatt. Die verheiratete Autorin ist Mutter zweier Kinder und war als Sekretärin der Geschäftsleitung in mehreren Unternehmen tätig. Heute ist sie Rentnerin. Ihre Hobbies sind Malen, klassisches

Ballett mit Spitzentanz und Klavierspielen. Mehrere Veröffentlichungen in Anthologien.

Michaela Obermüller, geboren am 17. Februar 1965 in Sarleinsbach (Oberösterreich), verheiratet, zwei Söhne und eine Tochter. Singen und Musik waren schon als Kleinkind ihre große Leidenschaft. Es folgten öffentliche Auftritte und Rundfunkaufnahmen ab dem achten Lebensjahr. Mit fünfzehn Jahren trat sie in ihre erste Tanzkapelle ein und ist seit fünfunddreißig Jahren bei verschiedenen Musikgruppen als Sängerin und Bassistin tätig. Mit Auftritten in Österreich, Deutschland, Belgien, Holland und nicht zuletzt Amerika. Schon als Teenager schrieb sie Liedertexte und Kompositionen, entdeckte aber auch gleichzeitig ihr dichterische Ader für Gedanken über Gott und die Welt, Kurzgeschichten und Gedichte.

Irmtraut G. Otto, Pädagogin im Sonderschulbereich, hat bereits vier Bücher geschrieben: „Zeichen der Zeit" (Lyrik), „Schritte ins Leben" (Lyrik), „Der letzte Zug" (Lyrik), „Jack der Astrologe" (Roman).

Christine Pauly, geb. 1936 in Leipzig. Aufgewachsen im Erzgebirge und in Hessen. Nach dem Abitur Studium an der Fachhochschule für Bibliothekswesen in Stuttgart. Zweites Studium an den Pädagogischen Hochschulen in Würzburg und Nürnberg. Lebt seit 1974 in Neumarkt/Oberpfalz.

Karina von Pidoll, geboren 1957 in Bergheim, Erft, lebt heute in Köln. Verheiratet, Beruf: Auslandskorrespondentin/Wirtschaftsdolmetscherin. Hat vier Gedichtbände im August von Goethe Literaturverlag veröffentlicht.

Birgit Plutz, geboren 1944 in Obergünzburg war 3 ½ Jahre Lehrerin, anschließend Psychologiestudium, jetzt Tätigkeit als psychologische Psychotherapeutin in eigener Praxis in Missen/Allgäu. Sie ist verheiratet, hat zwei Töchter und schrieb schon als Kind Gedichte und Kurzgeschichten. Bisher veröffentlichte sie Beiträge in Studenten- und Tageszeitungen, seit Frühjahr 2013 Gedichte in der Anthologie Neue Literatur.

Peter Polczyk, Kriminaloberkommissar im Ruhestand, geboren 1951. Sternzeichen Waage, Aszendent Stier. Gilt als zeitgenössischer Lyriker der Gegenwart. Seit vielen Jahren Mitglied im Bund Deutscher Schriftsteller eingetragen und in der „Künstler-Rolle" von Spenge (Kreis Herford).

Brigitte Reichardt, geboren 1937 in Magdeburg. War zunächst als Schulsekretärin nach einer theologischen Ausbildung im Predigerseminar Friedenau (Sachsen-Anhalt), als Diakonin im Bereich Gemeindearbeit und nach einem Studium an der Medizinischen Fachschule in Brandenburg/Havel einige Jahre als Krankenschwester am dortigen Krankenhaus tätig. Außerdem ließ sie sich als Chorsängerin für das Brandenburger Stadttheater und als Musikerzieherin für Musikschulen ausbilden. 2002 entdeckte sie ihre Liebe zu Prosa und Lyrik und absolvierte ein Fernstudium an der „Schule des Schreibens" in Hamburg. Veröffentlichungen: „Kleine Lichter an einem dunklen Horizont", Kurzgeschichten, WDL-Verlag, Hamburg 2006; Anthologiebeiträge: „Welle sein im strömenden Fluss", 2006, und „Das Gedicht lebt", 2008, beide R.G. Fischer Verlag, Frankfurt/Main; Anthologiebeitrag „Eine grosse Liebe", 2006, und „Höre meine Seele", eigenes Werk, 2008, beide Memoiren-Verlag Bauschke, Glödnitz (Österreich); Anthologiebeitrag „Der Duft der Mark",

Engelsdorfer-Verlag, Leipzig 2007; „Zu jeder Zeit und Stund", Lyrikband, Rosenhaus-Verlag 2010, Literatur und Kunst, Dr. W. Seibel, Gudensberg (Nordhessen) und „Geistliche Gedichte" 2018, Gustav Winter Druckerei und Verlagsgesellschaft mbH.

Dr. Heinz Schneider (85 Jahre), stammt aus dem Egerland und wurde 1946 von Rodisfort nach Dömitz in Mecklenburg ausgewiesen, beendete dort die Schulzeit und studierte zunächst in Leipzig (1953) und Greifswald (1955) Humanmedizin. Berufsziel: Militärarzt. Im Frühjahr 1958 erfolgte aus politischen Gründen die Entlassung aus der Nationalen Volksarmee (NVA) und die Zwangsexmatrikulation. Nach einer „Bewährung in der Produktion" als Hilfsarbeiter in der Landwirtschaft in Blankenfelde bei Berlin wurde er im Frühjahr 1959 als Zivilstudent an der Rostocker Universität wieder zum Medizinstudium zugelassen und beendete dieses mit dem Staatsexamen Ende 1959 an der Greifswalder „Ernst-Moritz-Arndt-Universität". 1962 Promotion zum Doktor der Medizin unter Professor Gerhard Mohnike mit einer Arbeit über die Dosis-Wirkungsbeziehungen des Insulins. Von 1967 bis 1998 war er als Chefarzt der Diabetesabteilung am Kreiskrankenhaus Prenzlau tätig. Während der Wende wurde er als Abgeordneter in den Prenzlauer Kreistag gewählt und leitete dort 4 Jahre lang den Sozialausschuss. Erst die politische Wende erlaubte es dem Autor, die 1958 durch 2 Gedächtnisprotokolle begonnene Niederschrift seiner Lebensgeschichte zu vervollständigen und unter dem Titel DIE NORMALITÄT DES ABSURDEN zu veröffentlichen.

Roswitha Schorr-Traub, lebt in Stuttgart. Leitete von 1978 bis 1990 die Röntgenabteilung des Krankenhauses Hechingen, Fachlehrerin für Nuklearmedizin und Radiochemie an der MRT-Schule Karlsruhe. Studierte anschließend Kunstgeschichte und Literaturwissenschaften. Promovierte anschließend 2013 zum Dr. phil. Teilnehmerin in zahlreichen Anthologien der Frankfurter Verlagsgruppe.

Martha Schwander, 1945 in Heidelberg geboren, dort Buchhandelslehre, später in Mannheim an der FHS Studium und Ausbildung zur graduierten Sozialpädagogin, befasst sich gerne mit Fremdsprachen, Zeitgeschichte und Literatur. Beiträge zu mehreren Gedichtsammlungen „Die Besten Gedichte" des Frankfurter Literaturverlags und zu den Anthologien „Neue Literatur" in den Frühjahrs- und Herbstausgaben.

August Sonnenfisch ist ein Heteronym (= anderes Ich) mit folgenden biographischen Elementen: Bauernenkel mit reichlich Bauernhoferfahrung. Nordwürttemberg – Schlesien - Frankfurt am Main – Berlin – Baden. Drei akademische Abschlüsse * Vier Wahlkinder * Tänzer. Maler. Schriftsteller ... Sechs Jahre Arbeit mit Kindern. Sechs Jahre mit Erwachsenen. Vierzehn Jahre mit jungen Erwachsenen. *** Forscher mit mancherlei Entdeckungen: Natur- und Wanderfreund … Tanzimprovisation mit Wilma Vesseur … Atemarbeit nach Ilse Middendorf und Famileinstellen nach Bert Hellinger. Yoga und Feldenkrais. Klassische Massage und Akupressur ... Kommunikation nach Marshall Bertram Rosenberg und Michael Lukas Moeller ... Malerei und Evangelien nach Rudolf Steiner … „The Work" nach Byron Katie (Mitchell) … Psychosoziales und Ethnologisches nach Arno Gruen/ Zürich ... Spirituelles nach Christian Meyer und Eckhart Tolle ... „Die Möglichkeit des Anderseins" nach Paul Watzlawick.

Elisabeth Susanne Stahl, geb. 23.5.1963 in Leverkusen-Wiesdorf. Studium der Kunstgeschichte und Romanistik in

Graz und Lille. Abschluss des Studiums mit einer Studie zur franzöischen Ästhetik und Kunsttheorie. Unterrichtstätigkeit in Lille (Collège, Lycée). Wissenschaftliche Mitarbeiterin an der Universität Graz. Stipendiatin des Bundeskanzleramtes in Wien. Tätigkeit als Kulturredakteurin und als Übersetzerin von kunstgeschichtlicher Fachliteratur aus dem Französischen. Unterrichts- und Vortragstätigkeit in der Erwachsenenbildung. Seit 2001 Autorin des Frankfurter Literaturverlages in Frankfurt am Main.

Buchveröffentlichungen: „Correspondances. Ein forschungsgeschichtlicher Überblick zum Bildbegriff Charles Baudelaires" (Heidelberg: C. Winter 1999)., „Der neue Impressionismus und die neue Abstraktion im 21. Jahrhundert. Goran Margetic. Einführung und Werk" (Borsdorf: Winterwork 2017).

Gedichtbände: „Luftballons und Herbstblätter. Gedichte" (Horitschon: Vindobona 2010)., „Winterblumen, Eiskristalle. Gedichte" (Horitschon: Vindobona 2012)., „Herzlieder - Songs of the Heart. Gedichte" (Horitschon: Vindobona 2015).

Zeichnungen: „Taschendiebe und Gewichtheber." (Neckenmarkt: united p.c. 2012).

Beteiligung an Jahrbüchern und Anthologien (Frankfurt a. Main: R.G. Fischer, Fouqué, Cornelia Goethe Literaturverlag, August von Goethe Literaturverlag und Brentano-Gesellschaft 2001-2018).

Manuela Stempfle, Bankkauffrau i.R., verheiratet.
Veröffentlichungen: „Facettenklang des Lebens" 2018 - Gedichte sowie in Anthologien der Frankfurter Verlagsgruppe: Jahrbuch für das neue Gedicht 2019; Vom Glanz und Elend deutsch zu sein 2019; Weihnachtsanthologie 2018; Anthologie Neue Literatur 2019/2020.

Kurt Strobl, geboren 1928 in Wien. Buchdrucker, Beamter, Pensionist. Mitglied im Verband geistig Schaffender und Österreichischer Autoren. Veröffentlichungen: Gedichtband „Aufgeschrieben", 2006. Beiträge zu verschiedenen Anthologien und in Zeitschriften. Lesungen in Kulturvereinen und zu den „Wiener Bezirksfestwochen"

Brigitte Thillmann, wohnhaft in Barsinghausen bei Hannover. Veröffentlichungen von Anthologien, Kurzgeschichten und Gedichten. Das Märchen „Tanz am Talersee", erschien im Jahr 2005, das Märchen „Die Wiesenschule Duftebunt" im Jahr 2006. Diese Veröffentlichungen sind im Haag und Herchen Verlag (Frankfurt /Main) erschienen.

Peter Troche, geb. 24.08.40, Tätigkeiten als Versicherungskaufmann, Lagerist, Bauarbeiter und Schauspieler. Rentner sei 1992. Zwei eigenständige Veröffentlichungen bei der Frankfurter Verlagsgruppe.

Rudolf Peter Wachs, geboren im Jahre 1939 in Dresden. Nach einer Maurerlehre und dem Abitur studierte er Bauingeneurwesen in Moskau (UdSSR) und arbeitete in der Betonindustrie, im Staatsapparat und der Bauakademie der DDR; nach der politischen Wende war er selbständig tätig. Mit dem 2017 im „Großen Vorlesebuch" des August von Goethe Literaturverlag veröffentlichten „Das Schwalbennest" hat der Autor das erste Märchen vorgelegt, dem das eine oder andere wohl noch folgen wird. Bereits im Jahr 2014 veröffentlichte er ebenfalls im August von Goethe Literaturverlag mit „Und es waren drei Brüder" eine Sammlung von Erzählungen mit politisch-historischem Hintergrund.

Georg Wittmann, geboren 1997 in Nürnberg, zog noch vor seinem ersten Lebensjahr nach Bayern, in die Nähe von

München. Dort verbrachte er den Großteil seiner Kindheit in der Natur. Schon früh merkte er, dass er sprachlich begabt war, so schrieb er beispielsweise mit seinem fünften Lebensjahr ein kleines Büchlein für seine Großeltern. Durch einen Freund kam Georg Wittmann auf die Literaturform der Kurzgeschichte, welche ihn sofort begeisterte. Nun veröffentlicht Georg Wittmann seine erste Kurzgeschichte „Hundekampf" in der Anthologie „Neue Literatur Herbst 2019/2020".

Inna Zagraewsky, Dichterin und Dramaturgin, in Saratow geboren. Sie hat die Hochschule der Chemie in Moskau und Fachschule beim Moskauer Konservatorium (Klavier) absolviert. Einige Jahre war sie als Leiterin des Musiktheaters für Kinder und Jugendliche (Moskauer Kinder Philharmonie) tätig. Seit 1996 wohnt sie in Deutschland. Sie ist Autorin von poetischen Büchern, Mitglied des Verbands deutscher (München) und russischer (Moskau) Schriftsteller (VS). Die veröffentlichten Bücher: Frühlingsschatten, Poem, Berlin, Frieling-Verlag, 2001; Lass doch die fremde Sprach' für mich die Hülle sein, Übertragungen aus der russischen Poesie, Frankfurt/Main, Fouqué Literaturverlag, 2002; Helden der Bühne, Drei Poeme um Puppentheater, Ballett und Zirkus, Berlin, Frieling-Verlag, 2002; Drei Poeme von Tieren und Menschen, Frieling-Verlag, 2003; Für Heldenmut, für Taten und die Ehre!, Wälischmiller Druck und Verlag GmbH, 2003.

Inhalt

Worte, Erinnerungen, Botschaften

Ich habe es erlebt

Liebe ist nur ein Wort, aber sie trägt alles, was wir haben

Wer Religion hat, redet Poesie

Manuela Stempfle